Learn Portuguese with Short Stories 2

HypLern Interlinear Project
www.hyplern.com

First edition: 2025, September

Author: Humberto Campos
Translation: Kees van den End
Foreword: Camilo Andrés Bonilla Carvajal PhD

ISBN: 978-1-989643-11-2

kees@hyplern.com
www.hyplern.com

Learn Portuguese with Short Stories 2

Interlinear Portuguese to English

Author
Humberto Campos

Translation
Kees van den End

HypLern Interlinear Project
www.hyplern.com

The HypLern Method

Learning a foreign language should not mean leafing through page after page in a bilingual dictionary until one's fingertips begin to hurt. Quite the contrary, through everyday language use, friendly reading, and direct exposure to the language we can get well on our way towards mastery of the vocabulary and grammar needed to read native texts. In this manner, learners can be successful in the foreign language without too much study of grammar paradigms or rules. Indeed, Seneca expresses in his sixth epistle that "Longum iter est per praecepta, breve et efficax per exempla[1]."

The HypLern series constitutes an effort to provide a highly effective tool for experiential foreign language learning. Those who are genuinely interested in utilizing original literary works to learn a foreign language do not have to use conventional graded texts or adapted versions for novice readers. The former only distort the actual essence of literary works, while the latter are highly reduced in vocabulary and relevant content. This collection aims to bring the lively experience of reading stories as directly told by their very authors to foreign language learners.

Most excited adult language learners will at some point seek their teachers' guidance on the process of learning to read in the foreign language rather than seeking out external opinions. However, both teachers and learners lack a general reading technique or strategy. Oftentimes, students undertake the reading task equipped with nothing more than a bilingual dictionary, a grammar book, and lots of courage. These efforts often end in frustration as the student builds mis-constructed nonsensical sentences after many hours spent on an aimless translation drill.

Consequently, we have decided to develop this series of interlinear translations intended to afford a comprehensive edition of unabridged texts. These texts are presented as they were originally written with no changes in word choice or order. As a result, we have a translated piece conveying the true meaning under every word from the original work. Our readers receive then two books in just one volume: the original version and its translation.

The reading task is no longer a laborious exercise of patiently decoding unclear and seemingly complex paragraphs. What's more, reading becomes an enjoyable and meaningful process of cultural, philosophical and linguistic learning. Independent learners can then acquire expressions and vocabulary while understanding pragmatic and socio-cultural dimensions of the target language by reading in it rather than reading about it.

Our proposal, however, does not claim to be a novelty. Interlinear translation is as old as the Spanish tongue, e.g. "glosses of [Saint] Emilianus", interlinear bibles in Old German, and of course James Hamilton's work in the 1800s. About the latter, we remind the readers, that as a revolutionary freethinker he promoted the publication of Greco-Roman classic works and further pieces in diverse languages. His effort, such as ours, sought to lighten the exhausting task of looking words up in large glossaries as an educational practice: "if there is any thing which fills reflecting men with melancholy and regret, it is the waste of mortal time, parental money, and puerile happiness, in the present method of pursuing Latin and Greek[2]".

Additionally, another influential figure in the same line of thought as Hamilton was John Locke. Locke was also the philosopher and translator of the Fabulae AEsopi in an interlinear plan. In 1600, he was already suggesting that interlinear texts, everyday communication, and use of the target language could be the most appropriate ways to achieve language learning:

> ...the true and genuine Way, and that which I would propose, not only as the easiest and best, wherein a Child might, without pains or Chiding, get a Language which others are wont to be whipt for at School six or seven Years together...[3]

---

1 "The journey is long through precepts, but brief and effective through examples". Seneca, Lucius Annaeus. (1961) Ad Lucilium Epistulae Morales, vol. I. London: W. Heinemann.

2 In: Hamilton, James (1829?) History, principles, practice and results of the Hamiltonian system, with answers to the Edinburgh and Westminster reviews; A lecture delivered at Liverpool; and instructions for the use of the books published on the system. Londres: W. Aylott and Co., 8, Pater Noster Row. p. 29.

3 In: Locke, John. (1693) Some thoughts concerning education. Londres: A. and J. Churchill. pp. 196-7.

Who can benefit from this edition?

We identify three kinds of readers, namely, those who take this work as a search tool, those who want to learn a language by reading authentic materials, and those attempting to read writers in their original language. The HypLern collection constitutes a very effective instrument for all of them.

1. For the first target audience, this edition represents a search tool to connect their mother tongue with that of the writer's. Therefore, they have the opportunity to read over an original literary work in an enriching and certain manner.
2. For the second group, reading every word or idiomatic expression in its actual context of use will yield a strong association between the form, the collocation, and the context. This will have a direct impact on long term learning of passive vocabulary, gradually building genuine reading ability in the original language. This book is an ideal companion not only to independent learners but also to those who take lessons with a teacher. At the same time, the continuous feeling of achievement produced during the process of reading original authors both stimulates and empowers the learner to study[1].
3. Finally, the third kind of reader will notice the same benefits as the previous ones. The proximity of a word and its translation in our interlinear texts is a step further from other collections, such as the Loeb Classical Library. Although their works might be considered the most famous in this genre, the presentation of texts on opposite pages hinders the immediate link between words and their semantic equivalence in our native tongue (or one we have a strong mastery of).

---

1 Some further ways of using the present work include:

1. As you progress through the stories, focus less on the lower line (the English translation). Instead, try to read through the upper line, staying in the foreign language as long as possible.
2. Even if you find glosses or explanatory footnotes about the mechanics of the language, you should make your own hypotheses on word formation and syntactical functions in a sentence. Feel confident about inferring your own language rules and test them progressively. You can also take notes concerning those idiomatic expressions or special language usage that calls your attention for later study.
3. As soon as you finish each text, check the reading in the original version (with no interlinear or parallel translation). This will fulfil the main goal of this

collection: bridging the gap between readers and original literary works, training them to read directly and independently.

Why interlinear?

Conventionally speaking, tiresome reading in tricky and exhausting circumstances has been the common definition of learning by texts. This collection offers a friendly reading format where the language is not a stumbling block anymore. Contrastively, our collection presents a language as a vehicle through which readers can attain and understand their authors' written ideas.

While learning to read, most people are urged to use the dictionary and distinguish words from multiple entries. We help readers skip this step by providing the proper translation based on the surrounding context. In so doing, readers have the chance to invest energy and time in understanding the text and learning vocabulary; they read quickly and easily like a skilled horseman cantering through a book.

Thereby we stress the fact that our proposal is not new at all. Others have tried the same before, coming up with evident and substantial outcomes. Certainly, we are not pioneers in designing interlinear texts. Nonetheless, we are nowadays the only, and doubtless, the best, in providing you with interlinear foreign language texts.

Handling instructions

Using this book is very easy. Each text should be read at least three times in order to explore the whole potential of the method. The first phase is devoted to comparing words in the foreign language to those in the mother tongue. This is to say, the upper line is contrasted to the lower line as the following example shows:

E	enganchando	o	fone,	com	estrondo:
And	hooking	the	phone	with	(a) bang

The second phase of reading focuses on capturing the meaning and sense of the original text. As readers gain practice with the method, they should be able to focus on the target language without getting distracted by the translation. New users of the method, however, may find it helpful to cover the translated lines with a piece of paper as illustrated in the image below. Subsequently, they try to understand the meaning of every word, phrase, and entire sentences in the target language itself, drawing on the translation only when necessary. In this phase, the reader should resist the temptation to look at the translation for every word. In doing so, they will find that they are able to understand a good portion of the text by reading directly in the target language, without the crutch of the translation. This is the skill we are looking to train: the ability to read and understand native materials and enjoy them as native speakers do, that being, directly in the original language.

E enganchando o fone, com estrondo:	
And hooking	

In the final phase, readers will be able to understand the meaning of the text when reading it without additional help. There may be some less common words and phrases which have not cemented themselves yet in the reader's brain, but the majority of the story should not pose any problems. If desired, the reader can use an SRS or some other memorization method to learning these straggling words.

E enganchando o fone, com estrondo:

Above all, readers will not have to look every word up in a dictionary to read a text in the foreign language. This otherwise wasted time will be spent concentrating on their principal interest. These new readers will tackle authentic texts while learning their vocabulary and expressions to use in further communicative (written or oral) situations. This book is just one work from an overall series with the same purpose. It really helps those who are afraid of having "poor vocabulary" to feel confident about reading directly in the language. To all of them and to all of you, welcome to the amazing experience of living a foreign language!

Additional tools

Check out shop.hyplern.com or contact us at info@hyplern.com for free mp3s (if available) and free empty (untranslated) versions of the eBooks that we have on offer.

For some of the older eBooks and paperbacks we have Windows, iOS and Android apps available that, next to the interlinear format, allow for a pop-up format, where hovering over a word or clicking on it gives you its meaning. The apps also have any mp3s, if available, and integrated vocabulary practice.

Visit the site hyplern.com for the same functionality online. This is where we will be working non-stop to make all our material available in multiple formats, including audio where available, and vocabulary practice.

Table of Contents

METAMORFOSE

METAMORFOSE
Metamorphosis

A feira de Paris havia atraído de uma província
The fair of Paris had attracted from a province

longínqua um casal de salsicheiros afastados
distant a couple of sausage makers away

do negócio, o sr. e sra. Laripette.
from the business the Mr. and Mrs. Laripette

Transferindo o estabelecimento, haviam eles
Moving across the establishment had they

se encaminhado, indistintamente, para o
themselves walked indistinctly to the

galpão consagrado exclusivamente ao comércio
shed devoted exclusively to the business

de salchichas. E aí, nada lhes chamou tanto
of sausages And there nothing them called so much

a — the
atenção — attention
como — as
uma — a
grande — large
máquina — machine

complicadíssima, — very complex
cujo — whose
funcionamento — operation
era — was
explicado — explained

pelo — by the
proprietário. — owner

- Aqui — Here
tendes, — (you) have
senhoras — ladies
e — and
senhores, — gentlemen
um — a

mecanismo — mechanism
verdadeiramente — truly
maravilhoso, — wonderful
que — that
faz, — does

ele — it
só, — alone
o — the
trabalho — work
de — of
cinquenta — fifty
operários. — workers

Basta — (It is) enough
empurrar — to push
um — a
porco — pig
vivo — alive
por — through
esta — this

porta, — door
a — the
porta — door
nº — number
1, — one
assim — like this
(e — and
fez — (he) made
entrar — enter

um — a
porco — pig
autêntico — real
pelo — by the
orifício — orifice
indicado), — indicated
pôr — put
a — the

máquina	em	movimento...	assim...	e	esperar	um
machine	in	movement	like this	and	wait	an

instante.	E	vê-lo-eis	sair	do	outro	lado,
instant	And	you-it-behold	exit	from the	other	side

completamente	transformado	em	salsichas,
completely	transformed	in	sausages

chouriço,	presunto	e	miúdos	de	toda	a
chorizo	ham	and	pieces	of	all	the

qualidade.	Os	ossos	são	transformados	em	adubos
quality	The	bones	are	transformed	in(to)	fertilizers

e	a	pele	em	carteiras	para	dinheiro!...	A
and	the	skin	in	wallets	for	money	The

operação	está	terminada.	Se	quiserdes	vos
operation	is	terminated	If	wish	you

aproximar	deste	estrado,	vereis	aparecer	a
to approach	of this	base	(you) will see	appear	the

mercadoria	anunciada!
merchandise	announced

Boquiabertos,   Laripette   e   a   mulher
Mouth-open   Laripette   and   the   woman

chegaram-se,   desconfiados,   para   ver   o
approached themselves   distrustful   for   to see   the

prodígio.
prodigy
(miracle)

- Entretanto, senhores e senhoras - continuou o
Meanwhile   gentlemen   and   ladies   continued   the

propagandista, - ides ver coisa ainda mais
propagandist   (you) will go   to see   (a) thing   even   more

assombrosa. No caso de produtos obtidos não
astonishing   In the   case   of   products   obtained   not

parecerem satisfatórios, é preciso dar atrás
appear   satisfactory   (it) is   necessary   to give   back

com a maquina, para engordar o porco de novo,
with   the   machine   for   to fatten   the   pig   of   new

ou corrigir, com ele vivo, o defeito verificado
or   correct   with   him   alive   the   defect   verified

5

na mercadoria. Eu confesso, mesmo, que não
in the *merchandise* *I* *confess* *even* *that* *not*

tenho aqui senão um porco, e que é ele que
(I) have *here* *if not* *one* *pig* *and* *that* *(it) is* *he* *that*

serve diariamente nas minhas experiências. Vou,
serves *daily* *in the* *my* *experiments* *(I) go*

pois, reconstituí-lo, dando com a máquina para
then *reconstitute it* *giving* *with* *the* *machine* *to*

trás... assim...
back *like this*

Interessado no manejo do aparelho maravilhoso,
Interested *in the* *handling* *of the* *apparatus* *wonderful*

o sr. Laripette curvou-se para a frente, afim
the *Mr.* *Laripette* *bent himself* *to* *the* *front* *in order*

de acompanhar com os olhos, até o último
of *to accompany* *with* *the* *eyes* *until* *the* *last*

instante, o desaparecimento do presunto. Tanto,
instant *the* *disappearance* *of the* *ham* *So much*

porém, se curvou, que foi apanhado por
however himself he bent that (he) was caught by

uma engrenagem formidável da máquina, a qual
a gear formidable of the machine the which

o arrebatou, em dois safanões, fazendo-o
him snatched in two flounces making him
(bites)

desaparecer no tumulto vertiginoso das rodas.
disappear in the tumult dizzying of the wheels

As mãos na cabeça, os olhos vidrados pelo
The hands on the head the eyes glazed by the

terror, a sra. Laripette soltou dois gritos, e ia
terror the Mrs. Laripette released two screams and went
(uttered)

soltar o terceiro, quando o dono da máquina
to release the third when the master of the machine
(to utter) (owner)

a tranqüilizou:
her tranquilized
(reassured)

- Calma, minha senhora, calma. Não há perigo
Calm my lady calm Not has danger
(there is)

nenhum. Funcionando para trás como está agora,
any *Functioning* *to* *back* *like* *(it) is* *now*

a máquina faz voltar todas as coisas ao seu
the *machine* *makes* *turn* *all* *the* *things* *to -the-* *their*

estado primitivo e natural. Nessas condições,
state *primitive* *and* *natural* *In these* *conditions*
(Under these)

o seu marido não corre nenhum risco, pode
-the- *your* *husband* *not* *runs* *any* *risk* *(you) can*

ficar certa. Além disso, a operação está
remain *certain* *Besides* *of that* *the* *operation* *is*

terminada, e a senhora vai vê-lo sair, são e
terminated *and* *the* *lady* *goes* *see him* *exit* *sane* *and*

salvo, por aquela porta, em companhia do porco.
safe *by* *that* *door* *in* *company* *of the* *pig*

E abriu-se a porta n° 1.
And *opened itself* *the* *door* *number* *1*

E saíram dois porcos.
And *exited* *two* *pigs*

9

BEBIDA PARA VIÚVO

BEBIDA PARA VIÚVO
Drink   for   (a) widower

Se   foi esse o   desgosto que   matou Dona
Whether was this the disgust   that   killed   lady
             it was

Benvinda, ninguém sabe: o que é fato, é que o
Benvinda   no one   knows it that is fact is that -the-

sr. Atanásio tinha uma predileção especial pelas
mr. Athanasius had   a   predilection special for the
                             desire

bebidas, a   ponto de passar semanas inteiras
drinks   to (the) point of to pass   weeks   entire

emendando as carraspanas.
amending   the   fuddles
adding to   drunkenness

O que, entretanto, ninguém pode contestar, é que
It that meanwhile   no one   can   contest   is that

ele adorava a mulher. É verdade que não a
he adored the woman (It) is true that not her

obedecia, quando ela lhe suplicava, agarrando-lhe
(he) obeyed when she him begged grabbing of him

as mãos:
the hands

- Não bebas mais, Atanásio! Tem piedade de mim!
- Not drink more Athanasius Have mercy of me
                                              with

Isto me matará de vergonha!
This me will kill of shame

As pessoas que ouviam isto asseguravam que Dona
The people that heard this assured that lady

Benvinda morreu, mesmo, de vergonha; outras
Benvinda died indeed of shame others

acham, porém, que foi de umas pauladas que
think however that (it) was of one clubbings that

o marido lhe aplicou, ao regressar,
the husband to her applied at the to return
                                  at returning

alta madrugada, mais bêbado do que nunca.
high   dawn   more   drunk   of it that   never
  in the morning   than   ever

O   sentimento   de   viúvo   foi,   entretanto,
The   sentiment   of   widow   was   meanwhile

profundíssimo. Um   fato   o   demonstra.   Certa
  very deep   A   fact   it   demonstrates (A) certain

noite, entrou ele, com um antigo companheiro, em
night   entered he   with a former   companion   in

uma das cervejarias da Brahma, e sentou-se:
one of the beer houses of the Brahma and seated himself

- Que   tomas?   - perguntou o outro.
- What (will you) take -   asked   the other

- Nada.
- Nothing

- Nada? Tu não tomas nada?
- Nothing You not   take   nothing

- Não   posso, filho! -   obtemperou   o
- Not   (I) can   son   -   objected with humility -the-

Atanásio. - Eu não posso beber; tu não vês
Athanasius - I not can drink you not see
　　　　　　　cannot　　　　　don't you

que eu estou de luto?
that I am of mourning
　　　　　in

- Mas, isso é o de menos! - tornou o outro.
- But this is it of less - returned the other
　　　　　　　　　　　　　answered

Há bebidas, aqui, para pessoas de luto.
Has drinks here for people of mourning
There are　　　　　　　　　　in

E batendo na mesa, com força:
And beating on the table with force

- Cerveja preta, para um!...
- Beer black for one

NÚMERO, FAZ FAVOR?

NÚMERO, FAZ FAVOR?
Number   make   pleasure
please

O	Altino	Praxedes	andava	já	pelos	trinta
-The-	Altino	Praxedes	went was	already	by the past	thirty

anos	quando,	casado,	e	com	um	filho,	abandonou
years	when	married	and	with	a	son	abandoned

a	sua	fazenda	das	"Três	Pedras",	no	Estado
-the-	his	farm	of the	three	rocks	in the	state

do	Rio,	para	vir	à	capital	da	República
of the of	Rio	to	come	to the	capital	of the	Republic

submeter	a	esposa	a	uma	operação.	E	como
to sumbit	the	wife	to	an	operation	And	like

não	tivesse	parentes,	nem	amigos,	nem	conhecidos,
not	(he) had	relatives	nor	friends	nor	acquaintances

foi hospedar-se, com a família, em uma
(he) was to stay himself with the family in a

pensão do Flamengo, onde lhe prometeram toda
hostel of the Flamengo where him (they) promised all

a comodidade.
the convenience

Ocupado, ele mesmo, em arranjar médico e
Busy he himself in to arrange (a) doctor and

casa de Saúde, era-lhe um tormento aquela
(the) house of health was him a torment that
hospital

vida, acima e abaixo, numa terra desconhecida.
life above and below in an earth unknown
place

De manhã, saía a tratar de negócio. Duas
Of morning (he) went out to treat -of- business Two
In the do

horas depois, porém, se achava outra vez
hours after however himself encountered (an)other time

em casa, a saber como estava passando a
in house to know how was passing the

esposa. E tão inquieto andava longe da
wife / And / so / worried / (he) went / far / from the

companheira, que a dona da pensão, penalizada,
companion / that / the / lady / of the / hostel / penalized / sorry for him

aconselhou:
advised

- Sr. Praxedes, porquê o senhor, em vez de
- Sir / Praxedes / why / the / gentleman / in / time / of / stead

vir, não telefona para sua mulher? É
to come / not / telephones / to / his / woman / (It) is

mais rápido, e muito mais cômodo.
more / rapid / faster / and / much / more / convenient

- É verdade, - concordou o hóspede, que
- (That) is / true / - / agreed / the / guest / that / who

nunca tinha falado, em sua vida, num telefone.
never / had / spoken / in / his / life / in a / telephone

No dia seguinte, estava o provinciano no
On the / day / following / was / the / provincial / in the

centro da cidade, quando se lembrou de
center of the city when himself (he) remembered of

telefonar para casa. O aparelho, e a utilidade
to phone to house The apparatus and the utilization

de cada uma das peças, ele o conhecia, por
of each one of the pieces he it knew for

ter visto outras pessoas falando. Nunca, porém,
to have seen other people speaking Never however

havia falado, ele próprio, de modo que foi
had spoken he himself of manner that (he) was

trêmulo, quase vermelho, que pôs o fone no
trembling almost red that (he) put the phone in the
nervous when

ouvido, pedindo:
ear asking

- Ligue para minha mulher; sim?
- Connect (me) to my wife yes

- Número, faz favor?
- Number makes favor

Praxedes empalideceu:
Praxedes became pale

- Qual número, qual nada, dona! Eu sou um
- Which number which nothing lady I am a

homem sério. Eu só tenho uma mulher, e essa
man serious I only have one wife and this
she

não tem numeração nenhuma!
not has (a) numbering none
whatsoever

E enganchando o fone, com estrondo:
And hooking the phone with (a) bang

- Trate sério; ouviu?
- Treat (it) serious heard
you hear

O INGLÊS TAL

O INGLÊS TAL... QUAL SE O PINTA
The English (is) such Which themselves it paints

(TRISTAN BERNARD)

Uma família inglesa viajava de automóvel, no
A family English traveled of car in the
by

último estio, pela formosa terra de França.
last summer through the beautiful earth of France

Como atravessava uma aldeia do Delfinado,
As (they) traversed a village of the Delfinado

parou, para almoçar.
stopped to lunch

A região era famosa, parece, pelos seus
The region was famous seems for -the- its

"champignons". Pelo menos era o que afirmava
mushrooms By the less was it that affirmed
At least that was

o "Baedeker", e os nossos ingleses não
the Baedeker and -the- our English people not
{tourist guide}

quiseram passar por aqueles lugares sem provar
wanted to pass by those places without to try

aquela preciosidade regional. Os nossos viajantes
that preciousness regional -The- our travellers

não sabiam, porém, uma única palavra de francês
not knew however a single word of French

e não havia na aldeia um único habitante que
and not had in the village a single inhabitant that
there was

soubesse inglês.
knew English

Como poderiam eles, pois, explicar que desejavam
How could they then explain that (they) desired

um prato de tão deliciosos criptógamos?
a plate of so delicious cryptograms

John, o filho do casal, teve uma ideia de gênio:
John the son of the couple had an idea of genious

tomou de um lápis e de uma folha de papel,
(he) took -of- a pencil and -of- a fold of paper

e, tão bem quanto possível, desenhou um
and so good as possible designed a
    as

"champignon", mostrando-o ao estalajadeiro.
mushroom showing it to the innkeeper

Este olhou o desenho, pensou, pensou, e
This (one) eyed the design thought thought and
    looked at

ao fim de um instante bateu na testa.
at the end of an instant knocked in the head

- Ah! - fez, sorrindo, como quem acabava de
- Ah (he) did smiling like who finished of

compreender.
to understand

Ao cabo de alguns minutos voltou... com um
At the end of some minutes (he) returned with a

guarda-chuva!
guard-rain
umbrella

O ENGOLIDOR DE SABRE

O ENGOLIDOR DE SABRE
The Swallower Of Sabre

O grande acontecimento de Niterói naquela
The great tale of Niteroi in that
event

semana, fora a estreia, no teatro municipal, de
week outside the premiere in the theater municipal of

uma companhia de variedades, em que o russo
a company of varieties in that the Russian
which

Miguel Boronoff, ilusionista mundialmente
Miguel Boronoff illusionist internationally

consagrado, realizava o milagre de engolir, à
consecrated realised the miracle of to swallow at the
reknowned

vista do público, um sabre de dois palmos e
sight of the public a saber of two (hand)palms and

meio. Vestido sumariamente em uma roupa de
(a) half Dressed summarily in a cloth of

meia, para impedir qualquer ideia de truque, o
half for to impede any idea of trick the

artista chegava ao meio do palco, apresentava
artist arrived at the middle of the stage presented

à plateia uma bandeja com uma dúzia de
at the audience a tray with a dozen of

sabres, para que os espectadores escolhessem um,
sabres for that the spectators would choose one

e, desembainhando-o, a boca para cima, enfiava
and unsheathing it the mouth to top (he) thrust
up

a lâmina, goela a dentro.
the blade throat to inside
inside the throat

Naquela noite, porém, o teatro encheu-se como
On that night however the theater filled itself like

nunca. Não havia uma única cadeira vazia. E
never (before) Not had one single chair empty And
there was

em uma destas, logo na primeira fila, estava o
in one of these then in the first row was the

Manoelzinho Sampaio, o "almofadinha" de vinte
little Manuel Sampaio the little cushion of twenty
dandy

e um anos, empoado como uma donzela,
and one years powdered like a maiden

carminado como duas e nervoso como três.
rouged like two and nervous like three

Concluído o primeiro número, em que se havia
Concluded the first number in that itself had

exibido uma dançarina sevilhana ressoante de
exhibited a dancer girl from Sevilla resonating of
with

castanholas, chegou a vez de Miguel Boronoff,
castanets arrived the time of Miguel Boronoff

que, saudado por uma salva de palmas, começou,
that greeted by a salvo of palms began
round applause

logo, o seu trabalho.
then -the- his work

- Senhores, - pediu o artista, na sua meia
- Gentlemen - asked the artist in -the- his half

língua de russo nascido na Argentina,
tongue of Russian born in -the- Argentina

apresentando a bandeja com as armas: -
presenting the tray with the weapons -

senhores, eu vou a comer este faca, hasta el
gentlemen I go to eat this knife until the
up to

cabo. Escoam ustes la faca a engolir!
end Choose you the knife to swallow

Um cavalheiro da segunda fila escolheu um sabre
A gentleman of the second row chose a saber

de Marinha, grande, de dois palmos. Tirou-o
of (the) navy great of two (hand)palms (He) pulled it
wide as

da bainha, examinou-lhe a consistência da
from the sheath examined of it at consistence of the
from the

tábua da cadeira, repinicou-o na unha, e,
board of the chair pinched it on the nail and

entregando-o ao artista, esperaram, todos,
handing it over / to the / artist / waited / all

emocionados, o sucesso do número.
emotional / the / success / of the / number

Na sua cadeira, trêmulo, pálido como um
In -the- his / chair / trembling / pale / like / a

morto, Manoelzinho Sampaio torcia as mãos,
dead (man) / Little Manuel / Sampaio / twisted / the / hands

nervoso. Parecia que ele é que ia engolir o
nervous / (It) seemed / that / he is / that / went / to swallow / the
it is him

sabre. Miguel Boronoff tomou, porém, a arma,
saber / Miguel / Boronoff / took / however / the / weapon

pôs a mão esquerda na cintura, lançou o
put / the / hand / left / in the / belt / launched / the

pescoço para trás, abriu a boca para cima,
neck / to / (the) back / opened / the / mouth / to / (the) top

suspendeu o braço direito à altura de meio
suspended / the / arm / right / at the / height / of / middle

metro do rosto, e descia-o, lento, com a
half of the face and descending it slow with the

lâmina em riste, quando o Manoelzinho deu um
blade in lance rest when the little Manuel gave a

pulo da sua cadeira.
jump from -the- his chair

- Senhor, - pediu, branco de emoção, os olhos
- Sir - (he) asked white of emotion the eyes

cheios d'água; - pelo amor de Deus!
full of water - by the love of god

E, aflito, súplice, torcendo as mãos, numa
And afflicted begging twisting the hands in -an-

agonia:
agony

- Engula a bainha primeiro... Sim?
- Swallow the sheath first Yes

A JUDIA

A   JUDIA
The   Jew

A   colônia   israelita   não   possuía   representante
The   colony   isrealite   not   possessed   (a) representative

mais   opulento   que   Isaac   Aben-Abib.   As   suas
more   opulent   that   Isaac   Aben-Abib   -The-   his
       rich   than

festas   reuniam   sempre   o   que   havia   de   seleto
parties reunited   always   that   what   had   of   select
         united   there was   choice

entre   os   judeus,   sendo   de   notar,   também   a
between the   jews   being   of   to note   also   the

afluência   de   vultos   representativos   da   cidade,
affluence   of   figures   representative   of the   city
crowd

alheios,   embora,   à   sua   seita   religiosa.
oblivious however   at the   his   sect   religious

Fornecedor   do
Supplier   of the

governo e amigo dos políticos, fazia parte
government and friend of the politicians (he) was part

da alta sociedade carioca sem, contudo,
of the high society of Rio de Janeiro without however

se desligar do seu credo e, sobretudo,
itself to shut down from -the- his creed and over all

dos seus companheiros de fé.
from -the- his companions of faith

A reunião daquela noite, em que o casal
The gathering of that night in what the couple
which

Aben-Abib comemorava o 22° aniversário da
Aben-Abib commemorated the 22nd anniversary of -the-

sua constituição, era, por isso mesmo, um misto
its constitution was for this same a mix
start

de mundanismo e solidariedade religiosa. Os
of wordliness and (of) solidarity religious The

salões do suntuoso palacete, repletos e
salons of the sumptuous little palace filled and

iluminados, fervilhavam de uma sociedade
illuminated boiled from a society

encantadora, em que predominava, entre as
charming in that/which predominated between the

figuras femininas, a linha pura do tipo israelita.
figures female the line pure of the type israelite

Mais formosa, porém, que qualquer outra, era,
More beautiful however that/than any other was

sem dúvida, Rachel Benoliel, a jovem esposa de
without doubt Rachel Benoliel the young wife of

Elias Benoliel, dono de uma casa de penhores à
Elias Benoliel owner of a house of pawns at the

rua Luís de Camões. Alta, esbelta, magnífica,
street Luis of Camones Tall slender magnificent

trazia nos olhos negros a umidade dos jogos
carried/she wore in the eyes black the moisture/sadness of the games

da Palestina, e essa gracilidade soberba das
of the Palestine and this grace superb of the

bravias corças do Líbano. E foi exatamente
wild deer of the Lebanon And (it) was exactly

para ela que, ao penetrar na festa, o dr.
for her that at the to penetrate in the party -the- dr.
entering the

Epaminondas Borges, o conhecido mundano e
Epaminondas Borges the reknowned mundane and
society person

diplomata em disponibilidade, encaminhou a sua
diplomat in availability forwarded -the- his

esperança de conquistador profissional.
hope of conqueror professional
professional conquerer

Clara e linda, a boca sangrando,
Clear and beautiful the mouth bleeding
White red

os dentes miúdos e brancos, tomava a formosa
the teeth (of) kids and white took the beautiful
with teeth fine

israelita o seu pequenino cálice de licor, junto
isrealite -the- her tiny chalice of liquor next
cup

ao "buffet", em companhia de duas amigas,
to the buffet in company of two friends

quando, numa curvatura, risonho e, na sua
when in a curvature laughing and in -the- his

opinião, irresistível, Epaminondas Borges se
opinion irresistible Epaminondas Borges himself

aproximou.
approached

- Madame - disse, sorrindo, o monóculo cravado
- Madam - said smiling the monocle stuck

no olho; - eu seria o mais feliz dos mortais
in the eye - I would be the most happy of the mortals

se me fosse permitido matar a sede secular
if me (it) was permitted to kill the thirst secular
gifted

do meu coração nesse pequenino cálice em que
of -the- my heart in that tiny chalice on that
cup which

V. Excia. acaba de pousar a borboleta dos
your Excellence finished of to land the butterfly of -the-
just landed

seus lábios divinos!
her lips divine
divine lips

A   testa   ligeiramente   franzida,   as   unhas   rosadas
The   forehead   slightly   frowned   the   nails   pink

cravando,   como   dois   rubis   a   um   topázio,   o   cálice
embedding   like   two   rubies   to   a   topaz   the   cup

apenas   tocado,   Rachel   Benoliel   ouviu,   calada,   o
just   touched   Rachel   Benoliel   heard   silent   the

galanteio.   E   quando   o   insolente   acabou,
gallantry   And   when   the   insolent   finished

desfranziu   a   testa.
unfurrowed   the   head

- Ah!   o   doutor   está   enganado;   mas,   não   é
- Ah   the   doctor   is   mistaken   but   not   (it) is

comigo,   não!   É   ali   com   aquela   minha   amiga! -
with me   no   (It) is   there   with   that one   my   friend   -

disse,   indicando   outra.
(she) said   indicating   (an)other

E   num   sorriso   jovial,   diabólico,   desconcertante:
And   in a   smile   jovial   diabolical   disconcerting
  with a

- O doutor não sabe que é Rebeca, e não
- The doctor not knows that (it) is Rebecca and not

Rachel, que dá de beber aos camelos?
Rachel that gives of to drink to the camels
                            drink the

A CAVALO

A   CAVALO
The   Horse

(GEORGE AURIOL)

No tempo em que era apenas noivo da
In the time in that (he) was only fiancee of -the-

sua esposa de hoje, o capitão Lundstreon residia
his wife of today the captain Lundstreon resided

na cidade de Kungsback (onde, diz ele, há
in the city of Kungsback where says he has
there is

uma velha fortaleza magnífica) e costumava ir
an old fortress magnificent and (he) used to go

visitar a sua futura, que morava três ou
visit -the- his future (wife) that lived three or

quatro milhas mais longe, em uma povoação
four miles more far in a town
farther

denominada Jonsered. Quando fazia bom tempo,
called Jonsered When (it) was good weather

o velho pai de Elsa, a moça, lhe dizia:
the old father of Elsa the girl to him said

- Lundstreon, meu amigo, o dia está convidando
- Lundstreon my friend the day is inviting

a gente a dar um passeio ao lado de quem
the people to give a tour to the side of who

se quer bem; não é verdade? Beba comigo um
itself wants well not (it) is true Drink with me a

copo de vinho... Sko!... Sko!... (à nossa saúde!)
cup of wine Health Health At the our health

e vá! Você é um excelente rapaz!
and (there it) goes You are an excellent boy

Lundstreon alugava então uma pequena carriola,
Lundstreon rented then a small carriage

e   saía   a   passeio com   a   rapariga, contente
and came out to   tour   with the   girl   happy

um,   e   contente   outro,   porque,   assim,
(the) one and   happy   (the) other because   thus

se   podiam   beijar   à   vontade.   Certo
each other (they) could kiss at -the-   will   Certain
                                                  At a certain

dia, tomou ele a   carruagem, mas o   dono dos
day   took he the carriage   but the owner of the

cavalos explicou-lhe:
horses explained him

- Eu não posso dar hoje o   pônei de costume.
- I   not can give today the pony of habit

Está   doente. Vou atrelar, porém, meu cavalo
(It) is sick (I) go hitch   however   my   horse

castanho. É   um animal roceiro mas,   no   resto,
chestnut (It) is an animal rocky   but in the   rest
brown   for the

um bom animal.
a good animal

- Não   há   dúvida, - concordou Lundstreon; -
- Not   has   doubt   -   agreed   Lundstreon   -
        (there is)

desde que ele ande, vai tudo bem.
from that he goes goes all well
as long as   everything is fine

E   partiu, imediatamente, com   a   sua Elsa, pelas
And (he) left   immediately   with -the- his Elsa for the

campinas floridas.
meadows   flowered

A certa altura, porém, o maldito cavalo castanho
At certain height however the accursed horse   chestnut
         point

começou a fazer barulho por   trás.   Os senhores
started   to make   noise   by   (the) back The gentlemen
                              at

compreendem o que quero dizer; não? É   um
understand   it   that (I) want to say   no   (It) is   a

vocábulo difícil de proferir; uma expressão vil; um
word   difficult of to utter   an   expression vile   a

termo de   se   lhe   torcer   o   nariz. Primeiro...
term   of itself him to twist the   nose   First

segundo... terceiro... décimo... E Lundstreon cada
second — third — tenth — And — Lundstreon — each

vez mais aborrecido com esse inconveniente, que,
time more annoyed with this inconveniency that

com franqueza, tirava toda a poesia do passeio.
with frankness took all the poetry of the tour

A princípio, pensou que fosse apenas por
At (the) beginning (he) thought that (it) was only for

um momento; mas, quanto mais o cavalo corria,
a moment but how much more the horse ran
the

mais estalava. Parecia ter na barriga uma
(the) more (it) exploded (It) seemed to have in the belly a

metralhadora.
machine gun

Lundstreon não sabia o que dissesse, não
Lundstreon not knew it that (he) would say not

ousando, mesmo, olhar a noiva, até que teve
daring even to look at the fiancee until that (he) had

41

uma ideia: parar num albergue.   Desceu,   apeou
an idea to stop in a hostel (He) dismounted attached
                          inn   taking

também a moça e, tomando-lhe do braço,
also   the girl and taking her of the arm
                                    by the

começou, visivelmente confuso:
(he) started visibly confused

- Minha querida, eu estou envergonhadíssimo...
- My loved one I am very ashamed

Perdoa-me todo esse inconveniente... esses rumores
Pardon me all this inconveniency these sounds

que tu vinhas escutando...
that you were hearing

Elsa tornou-se vermelha como um galo.
Elsa turned herself red like a rooster

- Ora, para que você me disse isso?!... - gemeu,
- Now for what you me told this - (she) groaned

irritada.
irritated

E   como quem   sente   uma desilusão:
And   like   who   (who) feels   a   disillusionment
              someone

- Eu pensei que   era   o cavalo...
- I   thought that (it) was the   horse

O LADRÃO ARREPENDIDO

O   LADRÃO   ARREPENDIDO
The   thief   repentant
repentant thief

O   delegado   acabava   de entrar,   pendurando   a
The   delegate   finished   of   to enter   hanging up   the
        marshall   had   entered

bengala,   o   chapéu   e   o   "cache-nez",   no   cabide
cane   the   hat   and the   catch-nose   on the   hanger
            muffler

da   repartição,   quando   o   "prontidão"   avisou   estar
of the   partition   when   the   readiness   warned   to be

no   xadrez,   à   espera   de   interrogatório,   um
in the   chess   at the   wait   of   interrogation   an

indivíduo   preso   na   praça   Tiradentes   duas   horas
individual   taken   on the   square   Tiradentes   two   hours

após   o   furto   de   um   relógio.
after   the   theft   of   a   watch

- Manda-o subir... - ordenou a autoridade.
- Send him to climb up - ordered the authority

Ao fim de dois minutos, entrou na sala,
At the end of two minutes entered in the room

custodiado por dois policiais, o autor do
guarded by two police officers the author of the

furto. Era um rapaz claro, de cabelo de fogo,
theft (It) was a boy clear / white of / with hair of fire / color of fire

rosto semeado de sardas, vestindo calça de
face seeded / sprinkled of / with freckles dressing / wearing trousers of

casimira preta, paletó escuro, camisa sem
cashmere black jacket dark blouse without

gravata. A autoridade fechou a cara,
tie The authority closed / frowned the face

improvisando uma fisionomia severa, e inquiriu:
improvising a physiognomy / look severe and inquired

- Foi o senhor que furtou este relógio?
- Was (this) the gentleman that stole this watch

\- Foi, sim, senhor, - continuou, calmo, o
\- (It) was indeed sir - continued calmly the

rapaz.
boy

\- Sabe quem é o dono?
\- Knows (he) who is the owner

\- Certo, certo, não sei, não, senhor. Só me
\- Certain certain not (I) know no sir Only me

lembro que era um sujeito de preto, que ia
(I) remember that (it) was a subject of black that went
person in

com uns embrulhos na mão.
with some packages in the hand

\- E ele não deu por falta do objeto?
\- And he not gave for lack -of- the object
noticed as missing

\- Parece que não. Quando o guarda me prendeu,
\- (It) seems that not When the guard me arrested

eu estava junto do lampião, dando corda.
I was next of the Lampiano giving rope
winding it up

O delegado deixou passar um instante, e
The delegate/marshall let pass an instant and

tornou:
returned / continued

- E o senhor não está arrependido de ter
- And the sir not is repentant of to have

furtado esse relógio?
stolen this watch

- Eu? Arrependidíssimo! - confirmou, com força,
- I Very repentant - confirmed with force

o ladrão.
the thief

E com ar de desprezo, o beiço torcido:
And with air of disdain the beak/mouth twisted

- Isso lá é "seu" relógio doutor?! Em duas horas
- This there is his watch doctor In two hours

tive de dar corda nele três vezes!... Se o
(I) had of to give rope/to wind up on it/it three times If the

senhor   ficar   com ele   vai   se   arrepender!
sir   to remain -with- it   (he) goes himself   to regret
      keeps   he will

E   encostou-se   à   parede, familiar.
And (he) leaned himself against the   wall   familiar
                                        in a relaxed way

O PAPAGAIO TRAÍDO

O   PAPAGAIO   TRAÍDO
the   parrot   betrayed

O   maior   desejo   do   Alselmo   Pimenta   era
The   major   desire   of -the-   Alselmo   Pimenta   was

possuir   um   papagaio.   Toda   vez   que   partia   um
to possess   a   parrot   All   (the) time   that   (he) left   a

amigo   para   o   norte,   a   sua   encomenda   era
friend   to   the   north   -the-   his   order   was

certa:
certain

- Manda   de   lá   um   papagaio;   ouviste?   Eu   pago
-   Send   from   there   a   parrot   (you) hear   I   pay

as   despesas!
the   expenses

49

E nunca ninguém lho havia mandado. Um dia,
And never no one to him had sent (one) One day

porém, lá ia o Pimenta pela rua Sete de
however there went -the- Pimenta by the street Seven of

Setembro, quando viu, em uma casa de aves,
September when (he) saw in a house of birds

uma gaiola com dois "louros" que eram uma
a cage with two loros that were a

beleza, como figura e como colorido: um maior,
beauty how figure and how colored one larger

todo verde e amarelo, com encontros vermelhos
all green and yellow with encounters red
streaks

nas asas, e outro menor, mais leve,
in the wings and (the) other minor more light
smaller

demonstrando no porte e nas penas a
demonstrating in the size and in the feathers the

modéstia e a fragilidade do sexo.
modesty and the fragility of the sex

- Quer vender um desses papagaios? -
- (You) want to sell one of these parrots -

indagou, entrando, do dono da casa.
(he) inquired entering from the owner of the house

- Não, senhor; isto é um casal: um macho e
- No sir this is a couple a male and

uma fêmea. O macho é aquele maior, mais
a female The male is that one bigger more

vistoso, mais bonito. Mas não são para vender,
flashy more pretty But not (they) are for to sell / sale

não. Agora, se o senhor quiser, eu lhe vendo
no Now if the gentleman wants I him seeing

aí uns ovos; dentro de quinze dias estão
there some eggs inside of fifteen days (they) are

tirados.
shot / hatched

Anselmo Pimenta comprou quatro ovos, a dois
Anselmo Pimenta bought four eggs at two

mil   réis   cada   um.   Em   casa,   pôs
thousand   réis   each   one   In   house   (he) put
     {portuguese coin}

debaixo de uma galinha que chocava, e, doze dias
under   of   a   chicken   that   nested   and   twelve   days
                       was nesting

depois, ficou escandalizado,   ao   ver   sair   dos
after   was   scandalized   at the   to see   exit   of the
                      at seeing

quatro   ovos   um   pinto   e   três   pombos.
four   eggs   a   dick   and   three   pidgeons
             male pidgeon

Pondo   o   chapéu   na   cabeça ganhou   a   rua.
Putting on   the   hat   on the   head   (he) gained   the   street
                     he entered

Na   casa de aves perguntou pelo papagaio.
In the   house   of   birds   (he) asked   for the   parrot

- Está ali, - disseram-lhe, indicando-lhe   a   gaiola,
-   (It) is   there   -   (they) told him   indicated to him   the   cage

com   o   casal de "louros".
with   the   couple   of   loros

Anselmo aproximou-se, procurando, com os olhos,
Anselmo   approached himself   searching   with   the   eyes

a   ave maior.
the bird   bigger

- Papagaio, - disse, em tom quase confidencial, -
-    Parrot   - (he) said in   tone almost   confidential   -

eu preciso falar com você. Quem avisa amigo é...
I   just   talk with you   Who warns (a) friend is

E   arregalando   a   pálpebra esquerda com o
And   adjusting   the   eyelid   left   with the

dedo, indicando a ave fêmea:
finger indicating the bird female

- Abra o olho com ela, hein?!...
- Open the eye with her   hey

O PURGATIVO

O   PURGATIVO
The   purgative
    laxative

(BERNARD GERVAISE)

A   MÃE - Ainda não fez efeito, doutor! Nunca
The mother - Still not made effect doctor never
                                had

  vi   uma coisa assim!
(I) saw   a   thing   thus

O   MÉDICO - Nenhum efeito?
The   Doctor   -   No   effect

A   MÃE - Absolutamente nenhum. Eu chego a
The mother - Absolutely   none   I   arrived the

pensar que o   farmacêutico talvez se   tenha
think   that the   pharmaceutic   perhaps itself   had

enganado ao preparar a receita.
mistaken at the to prepare the receipt

O MÉDICO - Seria possível? Mostre-me
The Doctor - Would (that) be possible Show me

o que ficou no fundo da garrafa.
it that was on the bottom of the bottle
{the label}

A MÃE - aqui está, doutor; veja.
The mother - here (it) is doctor see

O MÉDICO - Hum! Hum! Não; não houve
The Doctor - Hm Hm No not had
there was

erro. É esta mesmo a poção laxativa que eu
(a) mistake (it) is this same the potion laxative that I

receitei... E a senhora deu como eu prescrevi:
receipted And the lady gave like I prescribed
wrote down

dois cálices, dos grandes?
two chalices of the large (ones)
cups

A MÃE - Sim senhor. E os nosso cálices são
The mother - Yes sir and -the- our chalices are
Indeed cups

bastante   grandes...   São   destes...
enough   large   Are   of these
  quite   They arelike this

O   MÉDICO - De   manhã,   em jejum?
The   Doctor   - Of (the) morning in   fasting
               With

A   MÃE - Sim, senhor.
The mother - Yes   sir
        Indeed

O   MÉDICO - E com aquele quarto de hora de
The   Doctor - And with   that   fourth of hour of

intervalo?
  interval

A   MÃE - Sim, senhor; contado a relógio.
The mother - Yes   sir   (I) counted the   watch
      Indeed   I checked

O   MÉDICO - É   interessante. Interessante e
The   Doctor - (it) is   interesting   interesting   and

incompreensível!
  incomprehensible

JULINHO - (derretendo-se   em   lágrimas} - Hi!
Little Julio - coming apart himself   in   tears   - Weehh

56

hi! hi! Eu sei... porque é... que não fez...
weehh weehh i know because (it) is that not made
had

efeito... Eu sei!... hi! hi! hi!...
effect I know weehh weehh weehh

O MÉDICO - Que foi, meu filho? Diga...
The Doctor - What was (it) my son Tell (me)

JULINHO - Eu não quero dizer... hi! hi! hi!...
Little Julio - i not (i) want to say weehh weehh weehh

A MÃE - (derretendo-se em lágrimas) Dou duas
The mother - breaking out herself in tears give two

moedas para o cofre... Diga!
coins to the vault Tell (me)
piggy bank

JULINHO - Eu quero mais. Eu quero cinco
Little Julio - I want more I want five

moedas... Eu quero que não me castiguem...
coins I want that not me (you) punish

quando eu disser... hi! hi! hi!
when I say weehh weehh weehh
tell it

A MÃE - Pois, bem, eu dou... Que foi que você
The mother - Then well I give What was that you
                               do   it

fez? Vomitou a poção?
did Vomited the potion

JULINHO - Hi! hi! hi!... Eu não vomitei a
Little Julio - Weehh weehh weehh I not vomited the

poção... Mas eu não fiz efeito... porque eu estava
potion But I not made (an) effect because I was
                             had

brincando com a garrafa... hi! hi! hi!... e
playing with the bottle weehh weehh weehh and

engoli a rolha!...
(I) swallowed the cork

DESIGUALDADE

DESIGUALDADE
Inequality

Otaviano	Cabreira	Rocha	andava
Otaviano	Cabreira	Rocha	went
			was

pelos	quarenta	e	cinco	anos	quando,	fatigado
by the	forty	and	five	years	when	tired
	fortyfive					

daquela	vida	de	solteiro,	resolveu	montar,
of that	life	of	(a) single	resolved	to assemble

também,	a	sua	casa.	Estava	cansado	de
also	-the-	his	house	(He) was	tired	of

mundanismo,	daquela	existência	de	conquistas	e
(the) mundane	of that	existence	of	conquerings	and

sustos,	e	como,	para	o	soldado	dessas	batalhas
scares	and	like	for	the	soldier	of these	battles

elegantes, a reforma é o lar, a sua ideia foi,
elegant the retirement is the home -the- his idea was

logo, aquela, de constituir família.
then that of constitute family
form

A experiência havia-lhe dito que, em matéria de
The experience had him said that in matters of

fidelidade matrimonial, tudo depende do esposo.
fidelity matrimonial all depends of the husband
matrimonial fidelity

E como estava certo de que nenhum esposo
And as (he) was certain of that no husband

seria mais vigilante, casou-se com Leléa
would be more vigilant married himself with Lelea

Borges, rapariga de vinte e dois anos, que
Borges girl of twenty and two years that

andava, também, à procura de marido.
went also at the search of (a) husband

- Olha, minha filha - confessou o Cabreira,
- Look my daughter - confessed -the- Cabreira

dois	meses	depois	do	casamento:	-	nós
two	months	after	-of- the	marriage	-	ourselves

casamos	em	igualdade	de	condições:	tu	eras,
(we) marry	in	equality	of	conditions	you	are

já,	uma	rapariga	experiente;	eu,	com	a
already	a	girl	experienced	I	with	the

existência	que	levei,	um	homem	perfeitamente
existence	that	(I) led	a	man	perfectly
life					

vivido.	Temos,	pois,	todos	os	elementos	para	ser
lived	(We) have	then	all	the	elements	for	to be

felizes.
happy

-	Isto	era	quando	nos	casamos,	Otaviano!	-
-	This	was	when	ourselves	(we) married	Otaviano	-

protestou	a	moça,	fazendo-lhe	um	festo	no
protested	the	girl	making him	a	fold	in the
			causing him		frown	

rosto	cavado	pelo	tempo.	-	Hoje,	a	nossa
face	carved	by the	time	-	Today	-the-	our

situação é muito diferente.
situation is very different

E com um biquinho de zanga, num amuo
And with a little beak of anger in a pout
angry little mouth with a

gracioso:
gracious

- Tu enganas por aí muito marido; e eu?
- You fool for there much husband and I

E concluiu, queixosa:
And (she) concluded plaintive

- Eu, pobrezinha de mim! Só engano um...
- I poor little one of me Only fooled one

O BOM JORNALISTA

JOÃO, O BOM JORNALISTA
Joano the good journalist
John

(PIERRE VEBER)

Frio, impassível e tenaz, João era o "repórter",
Cold impassive and tenacious Joano was the reporter
John

e nada mais. A sua profissão o havia
and nothing more -The- his profession him had

dissecado, ou melhor, desumanizado. Não
dissected or better dehumanized Not

conversava, traçava linhas.
(he) conversed (he) plotted lines
he was writing

Seu punho esquerdo estava coberto
His fist left was covered

permanentemente de notas a lápis, de endereços
permanently / of notes to / pencil of addresses
with / from

e apontamentos; o direito era uma série de
and notes his right was a serie of

sinais, que só ele entendia. Ninguém lhe
signs that only he understood No one of him

conhecia parentes, nem amigos, pois isso lhe
knew relatives nor friends because this him

tomaria tempo. Em compensação, conhecia toda
would take time In compensation (he) knew all

a gente e apertava a mão a quantos
the people and pressed the hand to so many
all

encontrava.
(that he) encountered

João era capaz de ações heroicas. Havia ficado
Joano was capable of actions heroic Had remained
heroic actions (He had)

vinte e quatro horas à porta de um hotel,
twenty and four hours at the door of a hotel

sem **espirrar.** **Durante** **o** **cerco** **de** **Paris,**
without · to sneeze · During · the · siege · of · paris

deixar-se-ia **morrer** **de** **fome** **ao** **lado** **dos** **seus**
let himself go · to die · of · hunger · at the · side · of the · his

pombos-correio, **preferindo** **isso** **a** **comê-los.**
pigeons-carrier / carrier pigeons · preferring · this · to / than to · eat them

Uma **tarde,** **ao** **entrar** **no** **jornal,**
One · afternoon · at the / when entering · to enter · in the · newspaper / news office

entregaram-lhe **uma** **carta.** **Pela** **letra** **reconheceu,**
(they) gave him · a · letter · By the · letter / writing · (he) recognized

logo, **que** **era** **daquela** **que** **lhe** **tomava** **conta**
then · that · (it) was · of that / of the girl · that · for him · took · count / care

da **roupa** **e** **do** **coração,** **e,** **de** **súbito,**
of the · clothes · and · of the · heart · and · -of- · immediately

lembrou-se **que não** **aparecia** **em** **casa** **há**
(he) remembered himself · that · not · (he) appeared · in · house · has / since

quatro **dias.** **A** **carta** **dizia:**
four · days · The · letter · said

"Se não apareceres em casa esta noite, até onze
If   not   (you) appear   in   house   this   night   until   eleven

horas, às onze e meia estarei morta".
hours   at the   eleven   and   half   (I) will be   dead

João não pestanejou. Esperou pacientemente a
Joano   not   blinked   (He) waited   patiently   the
          did not blink

meia-noite. A essa hora, sem que a voz lhe
half-night   At   this   hour   without   that   the   voice   him

tremesse, chamou um colega:
trembled   (he) called   a   colleague

- Sam, vai a tal rua, tal número, segundo
-   Sam   go   the   such   street   such   number   second

andar, à direita. Há, lá, um caso sensacional:
walk   at the   directly   Has   there   a   case   sensational
floor   right away   There is

uma rapariga bonita; e nova, acaba de
a   girl   pretty   and   fiancee   finished   of

suicidar-se, por amor. Vai, e traz-me as notas,
to kill herself   for   love   Go   and   bring me   the   notes

para a notícia.
for the notice
        news article

E ficou esperando, certo de que o seu
And (he) was waiting certain of that -the- his

jornal seria o único a dar o "furo". Para
newspaper would be the only to give the hole To
                                    scoop

economizar tempo, começou a escrever a
save time (he) started to write the

"cabeça" da notícia, e a sua mão nem,
head(line) of the notice and -the- his hand not

sequer, tremia.
even trembled

Só no dia seguinte Sam voltou à redação,
Only on the day following Sam returned at the redaction
                                       office

João interroga-o, severo:
Joano interrogated him severely

- Você não foi onde eu mandei?
- You not were where I sent (you)

- Fui, sim.
- (I) was   indeed

- E então? A rapariga de que falei?
- And   then   The   girl   of   that (I) spoke

- Encontrei-a,   sim;   mas,   não   se   tinha
-      (I) found her   indeed   but   not   herself   had

suicidado, ontem, não.
killed herself yesterday   not
commit suicide

- E hoje?
- And   today

- Hoje? Pior! - informou o companheiro.
- Today Worse -   informed   the   companion

E   com   ar   feliz:
And   with   (an) air   happy

- Quando, hoje, de manhã, eu e ela nos
-    When   today   of   morning   I   and   she   us
                                    in the

levantamos,   nem falamos nisso!
arose (from the bed)   not   (we) talked   on this
                    also not   about this

A DESPEDIDA

A   DESPEDIDA
The   Send-away
    Goodbye

- E quando é que receberás o meu
- And when is (it) that (you) will receive -the- my

beijo, nessa boca de rosa? - indagou, comovido,
kiss on this mouth of rose - wondered touched

Frederico Duval, os braços apoiados no balcão
Frederico Duval the arms rested on the counter
  resting

da casa de modas, olhando, nos olhos, aquela
of the house of fashions looking in the eyes that
  clothing shop

encantadora "vendeuse" de pupilas da ouro, que
charming salesgirl of pupils of -the- gold that
  {french} with

era a sua maior preocupação dos últimos
was -the- his major worry of the last
  occupation

tempos.
times

A   moça baixava os olhos, distraída, as mãos
The   girl   lowered the eyes   distracted the hands

nervosas e claras alisando o vestido de um
nervous and clear smoothing the dress of a
              white

manequim, e confessava, com tristeza:
mannequin and (she) confessed with sadness

- Não pense nessas coisas, Fred. No dia em que
- Not think on these things Fred On the day in that
           of these

se desse isso, nunca mais nós nos veríamos!
yourself (you) gave this never more us we shall see

Eu teria vergonha de você, e nunca mais
I would have shame of you and never more
  would be ashamed

lhe apareceria!
to you appear

A sinceridade com que Onezinda lhe dizia isso,
The sincerity with that Onezinda to him said this

fazia com que o rapaz, tão audacioso em outras
made with that the boy so audacious in other

circunstâncias, não insistisse no pedido.
circumstances not insisted in the wish

Respeitava aquela pureza, a ingenuidade daquele
(He) respected that purity the naivety of that

sentimento, a melancolia daqueles olhos.
sentiment the melancholy of those eyes

Há no amor puro, porém, um momento, em
Has in the love pure however a moment in
There is

que os anjos se retiram para entregar os
that the angels themselves retire to deliver the

noivos ao diabo. E foi isso, exatamente,
engaged ones to the devil and was this exactly

que sucedeu certa manhã, quando, por
what happened (a) certain morning when by

insistência do Frederico, a rapariga lhe foi
insistence of -the- Frederico the girl to him was

bater — à — porta — do — quarto, — na — pensão, — com
to knock — at the — door — of the — room — in the — pension — with

a — condição, — embora, — de, — depois, — nunca — mais
the — condition — though — of — after — never — more

se — verem — na — vida.
each other — see — in the — life

Ao — meio — do — dia — separaram-se. — Nunca
At the — middle — of the — day — (they) separated themselves / they said goodby — never

mais, — pela — ameaça — da — moça, — se — deviam
more — by the — threat — of the — girl — each other — had / they should

ver. — Aquele — beijo — de — paixão — tinha — de — isolar, — para
see — That — kiss — of — passion — had — of — to isolate — for

sempre, — duas — criaturas, — dois — destinos, — duas — vidas.
always — two — creatures — two — destinies — two — lives

E — era — por — isso — que, — ao — abrir — a — porta — para
and — was — for — this — that — to the — to open — the — door — to

deixar — Onezinda — no — corredor. — Frederico — Duval
to leave — Onezinda — in the — hallway — Frederico — Duval

tinha os olhos velados pela tristeza mais funda.
had the eyes veiled by the sadness most deep

- Adeus, Onezinda! - disse, quase chorando. -
- To-god Onezinda - (he) said almost cyring -
Goodbye

Adeus... para sempre!
To-god for always
Goodbye

- Adeus, Fred! - gemeu a moça, os olhos no
- To-god Fred - groaned the girl the eyes on the
Goodbye

bico do sapato.
tip of the shoe

E, num assomo de coragem, de decisão, de
And in a appearance of courage of decision of
rise

energia, ganhando a porta:
energy gaining the door
opening

- Até... de tarde, Fred... Sim?...
- until of afternoon Fred Yes
the Right

A GEOGRAFIA

A   GEOGRAFIA
The   Geography

Foi   em um negócio de ferros velhos, durante a
(It) was in a business of iron old during the
                              scrap metal

guerra mundial, que   o   Procópio Viana passou
war   world   that -the- Procopio Viana passed
World War   went

 de   modesto vendedor da   casa Portela &
from humble salesman of the house Portela and

Gomes a honrado capitalista   da   nossa praça.
Gomes to honorable capitalist of -the- our square

Com a bolsa repleta de amostras de arroz, de
With the bag filled of samples of rice of
                          with

feijão, de milho, de farinha, anda acima e
beans of corn of flour (he) went above and

abaixo a vender nos retalhistas, quando um deles
below to sell in the retailers when one of them

o incumbiu de negociar os maquinismos de
him commissioned of to negotiate the machines of

uma velha fábrica desmantelada. O rapaz ganhou
an old factory dismantled The boy won
           dismantled factory

no negócio quinze contos, e não mais saber
in the business fifteen counts and not more to know
        million reals

de outro comércio. E, em breve, comprava até
of other commerce And in short bought until

navios velhos, vendendo-os a estrangeiros,
ships old selling them to foreigners
  old ships

conseguindo reunir, com essas transações, os
managing together with these transactions -the-

seus quatro milhares de contos.
his four thousand of counts
           million reals

Rico, pôs-se o Procópio a viajar. E
Rich put himself the Procopio to travel And
  Procopio was rich and had been traveling

era   de regresso   desse   passeio através   dos
(he) was of   return   from this tour   across   -of- the
    had returned

continentes, que contava,   no Fluminense, a um
 continents   that (he) told in the Fluminense   to a

grupo de senhoras, as   suas   impressões de
 group   of   ladies   -the- his   impressions   of

turista.
(a) tourist

- Visitei Paris, Londres, Madri... - dizia ele, com
 (I) visited Paris   Londen   Madrid   said   he   with

ênfase, sacudindo   a   perna direita,   o   charuto
emphasis   shaking   the   leg   right   the   cigar
                            right leg

ao   canto   da   boca, a   mão   no   bolso   da
at the   side   of the mouth the hand in the pocket of the

calça. - Fui   ao   Cairo, a Roma, a Berlim, a
pants   (I) went to -the- Cairo   to Rome   to Berlin   to

Viena...
 Vienna

E   após um instante:
And after an   instant

- Estive em Tóquio, em Pequim, em Singapura...
(I) was   in   Tokyo   in   Beijing   in   Singapore

A   essas palavras, que   punham reflexos de
At these   words   that   put   reflections of

admiração e   de inveja nos   olhos das   moças
admiration and of   envy in the eyes of the young women

que   o   ouviam, mlle. Lili Peixoto aparteou,
that him heard   Mlle. Lili Peixoto   turned
      to him listened

encantada:
enchanted

- O   senhor deve conhecer muito   a   Geografia...
Oh   sir   must   know   much   to   Geography
                                     (of)

Não é?
Not is
Isn't it

- Ah! não, senhora! - interveio, logo, superior, o
Ah   no   (my)lady   intervened then   superior   the

antigo	caixeiro	de	Portela	&	Gomes.	-	A
former	clerk	of	Portela	and	Gomes		The

Geografia,	eu	quase	não	conheço.
geography	I	almost	not	know
			hardly	

E	atirando	para	o	espaço	uma	baforada	do
And	shooting	to	-the-	space	a	puff	of -the-

seu	charuto	cheiroso:
his	cigar	smelly

- Eu	passei	por	lá	de	noite...
I	passed	by	there	of	night
				by	

ROUBADO E CONTENTE

ROUBADO   E   CONTENTE
Robbed   And   Happy

(RODOLPHE BRINGER)

Se   havia um homem que amasse a tranquilidade,
Itself had a   man that loved the tranquility
    There was

era esse o bom e honrado sr. Bougy. Mas   o
was that the good and honorable Mr. Bougy But -the-
who was

sr. Bougy tinha uma mulher, uma filha, um filho,
Mr. Bougy had   a   wife   a daughter a son

um cachorro e um papagaio; e   o   seu
a   dog   and a   parrot   and -the- his

papagaio gritava, seu cachorro latia, seu filho
parrot screamed his   dog   barked his son

soprava uma gaita, sua filha tocava violão e
blew a harmonica his daughter played guitar and

sua mulher tocava piano. Por tudo isso, o sr.
his wife played piano For all this the Mr.

Bougy, que amava a tranquilidade, não vivia
Bougy that loved the tranquility not lived

tranquilo.
peacefully

Certa noite, tudo dormia na casa do sr.
(A) certain night all slept in the house of -the- Mr.

Bougy. O papagaio estava calado. O cão
Bougy The parrot was silent The dog

repousava em silêncio. O filho cochilava. A
rested in silence The son napped The
quietly

filha sonhava. A mulher roncava, mas
daughter dreamed The wife snored but
slept

docemente.
sweetly

De repente, ouviu-se um rumor inquietante, no
Of   sudden   heard-itself   a   noise   disturbing   on the
Suddenly   was heard

andar térreo. De um pulo, o sr. Bougy se
walk   ground   Of   one   jump   -the-   Mr.   Bougy   himself

pôs de pé, um revólver na mão. Na sala de
put   of   feet   a   revolver   in the   hand   In the   hall   of
   on his

jantar, gritou:
dining   (he) cried

- Mãos no ar!
Hands   in the   air

Dois ladrões estavam ali, e puseram, logo, a
Two   thieves   were   there   and   put   then   at

seus pés, todos os despojos que já haviam
their   feet   all   the   spoils   that   already   (they) had

arrumado. Feito isso, levantaram as mãos.
arranged   Done   that   (they) raised   the   hands
gathered

- Que tem nesse embrulho? - indagou o sr.
What   (you) have   in that   wrapping   questioned   -the-   Mr.
   package

83

Bougy.
Bougy

- É   o   cachorro,   que   nós   estrangulamos.
(It) is the   dog   that we   strangled

- E   no   outro?
And in the   other

- O   papagaio,   a   que   torcemos   o   pescoço.
The   parrot   to that (we) twisted the   neck

- E   no   outro?
And in the   other

- Uma gaita   e   um   violão.
A   guitar and   a   guitar

- É   tudo?
Is (it)   all

- É   tudo.
(It) is   all

- Muito bem, - concluiu   o   sr. Bougy, - levem
Very   well   concluded -the- Mr. Bougy   take

tudo... **Eu** **dou** **tudo** **isso** **a** **vocês,** **mas** **com** **uma**
everything I give all that to you but with one

condição.
condition

- ?...

- Levem também o piano!
   Take   also   the   piano

JUSTIFICAÇÃO

JUSTIFICAÇÃO
Justification

O	sr.	Gaudêncio	Guimarães	de	Oliveira	Filho
-The-	Mr.	Gaudencio	Guimaranes	of	Oliveira	Filho

fora,	sempre,	um	homem	intransigente	em
was	always	a	man	uncompromising	in

negócios	de	honra.	Antigo	chefe	eleitoral	no
businesses	of	honor	Former	chief	electoral	in the
business				electoral chief		

Estado	do	Rio,	mudara-se	para	esta	capital,
State	of -the-	Rio	moved-himself	to	this	capital
			he moved			

com	a	esposa	e	uma	filha	pequenina,	além
with	the	spouse	and	a	daughter	little	beyond
					little daughter		

de	suportar	o	ostracismo.	E	aqui	ia
of	to support	the	ostracism	And	here	(he) went

vivendo à custa da caixa do partido, e
living at the cost of the box of the party and
expense money-box

de outros rendimentos eventuais, de origem mais
of other incomes occasional of origin more
income

ou menos honesta.
or less hones

Certo dia, porém, o sr. Gaudêncio explodiu,
(A) certain day however the Mr. Gaudencio exploded

furioso. Tinha ele entrado da rua, quando
furious Had he entered from the street when

encontrou na sala de visitas, estendido no
(he) found in the hall of visits extended on the
living room

sofá, um vestido de seda branca, bordado de
couch a dress of silk white embroidered of
with

azul, com a etiqueta de uma grande casa de
blue with the label of a great house of

modas da Avenida.
fashions of the Avenue
fashion

- Quanto custou este vestido, Luíza?
How much   cost   this   dress   Luisa

- Oitocentos mil réis, - informou a moça,
Eight-hundred thousand reals   informed the girl

chegando-se, os olhos baixos.
arriving -herself- the eyes low

- É teu?
Is (it) yours

- É sim, - confessou a pobre, no mesmo
(It) is yes   confessed the poor (one) at the   same

tom.
tone

A essa informação, o antigo chefe eleitoral sentiu
At that information the former chief electoral felt

uma onda de sangue subir-lhe ao rosto. E
a wave of blood rise him at the face And

foi vermelho, apoplético, que estrugiu, dentes
(it) was red apoplectic that (he) creaked teeth
                                            he croaked

cerrados:
closed

- Então tu tens coragem de trair-me por causa
Then you have heart of to betray me for cause

de um vestido?...
of a dress

- Eu não, Gaudêncio! - gemeu a infeliz,
I not Gaudencio groaned the unhappy (one)

insultada.
insulted

E justificando-se:
And justifying herself

- Ele deu, também, o chapéu...
He gave also the hat

A MULHER "FORTE"

A   MULHER "FORTE"
The   Woman   Strong
Strong Woman

Quando o coronel Praxedes Gama teve notícia de
When   the colonel   Praxedes   Gama had   notice   of

que a filha havia abandonado o marido para
that the daughter   had   abandoned   the husband   for

ir viver com um capitalista, ficou furioso. Era
to go live with   a   capitalist   (he) got   furious   (It) was

o primeiro punhado de lama que tombava sobre
the   first   handful   of mud   that   fell   over

a família.
the   family

- Vou   ao   Rio,   e   mato-a! - exclamava   o
   (I) go   to -the-   Rio   and   kill her   exclaimed   the

honrado fazendeiro, a andar de um lado para
honorable farmer at to go from one side to
going

outro do alpendre da fazenda, cofiando a
(the) other of the porch of the farm stroking the

barba venerável.
beard venerable

Coração de mãe, dona Miquelina tranquilizava-o.
Heart of (a) mother lady Miquelina calmed him

Quem sabia se aquilo não seria a felicidade
Who knew if that not would be the happiness

da menina? Tapassem, os dois, os ouvidos, e
of the girl Cover you two the ears and

dessem tempo ao tempo. E o tempo foi,
give time at the time And the time was

realmente, generoso, porque, ao visitar a filha,
really generous because at the to visit the daughter
when visiting

meses depois, e ao ser apresentado ao novo
months after and at the to be presented to the new
at being

genro, o coronel ficou tão satisfeito com o
son-in-law the colonel was so satisfied with the

luxo, a beleza, o bem-estar da sua Luizinha,
luxury the beauty the well-to be of -the- his little Luisa
well being

que não lhe tocou, sequer, naquela mudança de
that not he touched even in that change of

estado.
state
opinion

Meses passados, voltou, e encontrou, já,
Months (having) passed (he) returned and encountered already

outro genro.
(an)other son-in-law

- Meu marido, - apresentou a moça. E para o
My husband presented the girl And to the

novo esposo, indicando o ancião:
new spouse indicating the ancient
old one

- Meu pai.
My father

Essa nova modificação na vida da filha
That new modification in the life of the daughter
          change

feriu fundo o coração do velho, o qual,
wounded deep the heart of the old man the which
                                              who

ao tê-la só, inquiriu, severo:
at the to have her alone inquired stern

- Que é isso, então? Que vida é esta que levas?
What is this then What life is this that (you) take
                                              you lead

Tu não eras, acaso, uma mulher forte?
You not are maybe a woman strong

- Sou, papai; sou forte! - confirmou a moça.
(I) am daddy (I) am strong confirmed the girl

E abraçando o velho, garota:
And embracing the old man (the) girl (said)

- Papai já viu "forte" que não mude de
Daddy already see strong that not changes of

guarnição?
trim

ESTÉTICA E PONTARIA

ESTÉTICA   E   PONTARIA
Aesthetics   and   Aim

A   roda   não   podia   ser   mais   encantadora,   mais
The   wheel   not   could   be   more   enchanting   more
group

fina,   mais   distinta,   nem   a   palestra   mais
fine   more   distinguished   nor   the   lecture   more

agradável,   mais   alta,   mais   sutil.   Conversava-se
pleasant   more   high   more   subtle   They talked

sobre   estética feminina,   vindo   à   bulha   uma
about   aesthetic   feminine   coming   to the   noise   an
female aesthetics   chat

ilustre   senhora,   figura   mundana   de   alto
illustrious   lady   figure   worldly   of   high
distinguished

destaque,   mas   em   quem   o   "decolletée"   denuncia
prominence   but   in   whom   the   decolletee   denounced

um colo desproporcionado, posto, com as modas
a neck disproportionate put with the fashions

atuais, em inteira liberdade.
current in entire freedom

- A Lúcia - explicou mme. Vieira do Prado -
-The- Lucia explained Madame Vieira of the Prado

é um caso curioso, nesse gênero.
is a case curious in that kind
of that

E contou:
And (she) told

- Imaginem vocês que ela, um dia, foi à
Imagine yourselves that she one day went to -the-

minha casa, pedir o meu conselho, sobre o
my house to ask -the- my advice about -the-

suicídio. Como o seu caso só pudesse ser
suicide Like -the- her case only could be

liquidado pela morte, recomendei-lhe o veneno.
liquidated by -the- death (I) recommended her the poison
solved

Ela recusou. Lembrei-lhe o punhal. Não
She refused (I) remembered her the dagger Not

quis. Falei-lhe do tiro, receitando-lhe uma
(she) wanted (I) told her of the shot prescribing her a

bala na cabeça. Achou que ficaria
bullet in the head (She) thought that (she) would be

desfigurada, e impugnou a ideia. Afinal, ficou
disfigured and challenged the idea Finally was

resolvido um tiro no coração. Ela faria a
resolved a shot in the heart She made the
decided

pontaria no lado esquerdo do peito, ficando
aim at the side left of the chest getting

combinado que, para que a bala atingisse,
combined that for that the bullet reach

certeira, o órgão da vida, ela encostasse o
for sure the organ of the life she would touch the
would put

cano do revólver no bico do seio. Ela fez
barrel of the revolver at the beak of the bossom She did

isso, e puxou o gatilho.
it and pulled the trigger

- E não acertou no coração? - indagou alguém,
And not hit in the heart inquired someone

com vivacidade.
with vivacity

Mme. Vieira do Prado sorriu:
Madame Vieira of the Prado smiled

- Qual nada!
What (a) thing

E com gravidade, ao ouvido de cada um:
And with gravity at the ear of each one
seriousness

- A bala pegou... no joelho!
The bullet hit in the knee

A ÚLTIMA POSIÇÃO

A ÚLTIMA POSIÇÃO
The Last Position

Desde a véspera os médicos haviam considerado
From the eve the medics had considered

desesperador o estado de mme. Carvalho
desperate the state/condition of Madame Carvalho

Soutello. A moléstia do coração que a
Soutello The illness of the heart that her

perseguia desde menina, tomara proporções graves
persecuted from girl/childhood took proportions serious

depois do nascimento do primeiro filho. O
after of the birth of the first son The

aspeto da enferma era bom. Mostrava belas
aspect of the sick one was good (She) showed good

cores, excelente presença de espírito, como se
hearts excelent presence of spirit like if

nada tivesse. De vez em quando, porém, vinha
nothing (she) had From time in when however came
to time

a crise, o coração perdia o ritmo, fugia o
the crisis the heart lost the rhythm ran away the

pulso, e a família se alarmava. E era
pulse and the family itself alarmed And (it) was

natural.
natural

- Uma dessas crises - informava o médico, -
One of these crises informed the medic

pode ser fatal. Ela pode morrer.
could be fatal She could die

E era na expectativa da morte que estava
And (it) was in the expectation of -the- death that was

toda a família. À tarde o doutor verificara
all the family At the afternoon the doctor verified

que, mais um ataque daqueles, e seria o
that more one attack of those and would be the

último ato do drama. E foi consciente do
last act of the drama And was conscient of -the-

seu estado, lendo a preocupação, a aflição, o
her state reading the concern the affliction the
condition

horror do desenlace nos olhos de todos, que
horror of the undoing in the eyes of all that

Dona Helena pediu:
Dona Helena asked

- Eu quero morrer cristãmente; sabem? Chamem
I want to die like a Christian you know Call

um padre. Desejo confessar-me.
a priest (I) want to confess -myself-

Uma hora depois entrava no quarto da
One hour after entered in the room of -the-

enferma, fisionomia compungida, com os grandes
patient physiognomy sorrowful with the large

olhos empapuçados, defendidos pelo vidro grosso
eyes praying defended by the glass thick

dos óculos, a suave santidade do cônego
of the glasses the gentle holiness of the canon / church man

Liberato. Ao vê-lo, Dona Helena tivera um
Liberato At the to see him Dona Helena had a

estremecimento. Pela primeira vez sentira a
shock For the first time (she) felt the

gravidade do seu estado. As vestes escuras
gravity of -the- her state / condition The robes dark

do sacerdote pareceram-lhe, naquele instante,
of the priest seemed her in that instant

uma visão, já, da outra vida. Levantou, porém,
a vision already of the other life (She) raised however

os braços muito claros, muito torneados,
the arms very clear white very shapely

compondo negligentemente os flocos de ouro do
composing negligently the flakes of gold of the

cabelo, ensaiando um sorriso de boas vindas.
hear rehearsing a smile of good welcomes

Antes de iniciar a confissão, verificando que a
Before of to initiate the confession verifying that the

enferma era um espírito forte, cônego Liberato
sick was a spirit strong canon Liberato
church man

começou a prepará-la para a morte.
started to prepare her for the death

- Deixe aqui na terra, filha, aqui na
Leave her on the earth daughter here in the

torpeza do mundo, todos os pensamentos
awkwardness of the world all the thoughts

terrenos. Deus a espera, nas alturas, com os
earthly God you awaits in the heights with the

divinos braços da sua misericórdia. Prepare-se,
divine arms of -the- his mercy Prepare yourself

pois.
then

E   recordando   o   seu estado:
And   recalling   -the- her condition

-   Lembre-se,   filha,   que   está,   já,   com um
Remember yourself daughter that (you) are already with one

pé   na   terra   e   outro   no   céu!
foot in the earth and (the) other in the heaven

A   essas   palavras,   a   enferma   sorriu.   E   foi   com
At these   words   the   sick one   smiled And (it) was with

aquele   mesmo   sorriso   que   o   acompanhara   toda
that   same   smile   that   her   accompanied   all

a   vida,   que   pediu:
the   life   that   (she) asked

- Então, senhor   cônego,   faça-me   um   favor.
Then   Mr.   canon   do me   a   favor
church-man

E   brejeira:
And (she) joked

- Não   olhe   para   cima...   Sim?
Not   look   -to-   up   Yes

O BARBADÃO

O   BARBADÃO
The   Beard-Big
    {-ão forms augmentative}

Um   dos   maiores   orgulhos   do   Antônio   Viana   de
One   of the   biggest   prides   of the   Antonio   Viana   of
                             pride

Meireles   era   aquela   barba   negra,   cerrada,   que   ele
Meireles   was   that   beard   black   closed   that   he
                                          thick

trazia   inteira,   como   o   dr.   Abreu   Fialho,   o   dr.
carried   whole   like   the   Dr.   Abreu   Fialho   the   Dr.
wore

Estelita   Lins   ou   o   dr.   Arrojado   Lisboa.   No
Estelita   Lins   or   the   Dr.   Arrojado   Lisboa   At the

ministério,   onde   era   2º   escriturário,
ministry   where   (he) was   second   secretary

puseram-lhe   o   apelido   de   Frei   Antônio.   Ele
(they) put him   the   (nick)name   of   Friar   Antony   He
they gave him

achava, porém, que aquela moldura lhe ficava bem
thought however that that frame him did good

ao carão moreno, de olhos pardos e nariz
at the big face dark of eyes brown and nose

aquilino, e atribuía tudo aquilo à mísera
aquiline and attributed all that to the wretched

inveja dos rapazolas imberbes.
envy of the boys beardless / cleanshaven

O que contrariava o Meireles era, entretanto, a
It that countered the Meireles was between such the / frustrated however

solidariedade da esposa, a graciosa Dona
solidarity of the wife the gracious Dona

Marina, com aqueles pelintras da Secretaria. Não
Marina with whose dandies of the Secretariat Not

que a jovem senhora lho dissesse, zombando
that the young lady him would tell mocking

dele; mas pela indiferença com que o abraçava,
of him but by the indifference with that him embraced

e, sobretudo, pela repugnância com que
and over all by the repugnance with that

afastava o rosto claro toda vez que ele
(she) drew away the face clear all time that he
bright the times

se aproximava para beijá-la.
himself approached for to kiss her

Magoado com semelhante ojeriza, resolveu o
Injured with similar aversion resolved the

Viana de Meireles fazer, um dia, uma surpresa
Viana of Meireles to make one day a surprise

à esposa: foi a um barbeiro, raspou a
to the spouse (he) went to a barber shaved the

cara, e, leve, o rosto fresco, tocou-se para
face and light the face fresh touched himself for
set off

casa, antegozando o prazer que ia dar,
home anticipating the pleasure that (he) went to give

naquela tarde, à sua mulherzinha.
in that afternoon to -the- his little woman

Ao bater à porta, a moça correu a abrir,
At the / to knock (knocking) / at the / door / the / girl / ran / to / open

saltando-lhe ao pescoço, com beijos famintos,
jumping him / at the (around the) / neck / with / kisses / hungry

gulosos, desesperados.
greedy / desperate

- Está satisfeita, minha filhinha, por ver-me
(You) are / satisfied / my / little girl / for / to see me

assim... Não é? Gemeu o rapaz, comovido de
like this / Not (it) is (Isn't it) / Moaned / the / lad / moven / of (by)

gratidão,
gratitude

A essas palavras os beijos cessaram como por
At / these / words / the / kisses / ceased / like / by

encanto. Pálida, olhos arregalados, Dona Marina
magic / Pale / eyes / wide opened / Dona / Marina

recuou dois passos.
retreated {from recuar} / two / steps

- Antônio,   és   tu? -   gritou,   horrorizada.
Antonio   is (that) you   (she) screamed   horrified

E   olhando-o,   estupidificada,   limpando   a   boca,
And   looking at him   stupified   wiping   the   mouth

num horrível desapontamento:
in -a-   horrible   disappointment

- Eu nem te reconheci!...
I   not   you   recognized

O DUELO

O DUELO
The Duel

Após uma discussão na Associação de Imprensa,
After a discussion at the Association of Press

durante a qual se haviam atirado insultos
during the which themselves (they) had thrown insults

pesados, tinham os dois jornalistas resolvido
heavy had the two journalists resolved

bater-se em duelo. Um e outro eram,
to fight each other in duel One and (the) other were

porém, avessos a essas manifestações militares, de
however averted to these manifestations military of

modo que foi como bois arrastados para o
manner that (it) was like oxen dragged to the

matadouro, que **seguiam** naquela **manhã**
slaughterhouse that (they) followed in that morning

friorenta de **maio,** para o **chamado** campo da
cold of May to the called field of

honra.
honor

Escolhido o **local,** a **Quinta** da **Boa Vista,**
Chosen the site the Farm of the Good View
With the site chosen Beautiful

próximo ao **lago** onde as **ninfeias**
close to the lake where the water lilies

desabrochavam, as **testemunhas puseram** os **dois**
bloomed the witnesses put the two

contendores, a **pistola** na **mão,** um em **frente**
contenders the pistol in the hand one in front

ao **outro,** a **dez passos** de **distância: Martinho**
to the other at ten paces of distance Martinho
steps

Lopes, do **lado** dos **bambus,** e **Feliciano**
Lopes of the site of the bamboos and Feliciano

Gadelha, do lado da   água.
Gadelha   of   site of the water

Chegara o momento solene. O braço estendido,
Arrived   the moment   solemn The arm   extended

escutaram, ambos, a voz de comando:
(they) listened to   both   the voice of   command
they listened   to the

- Um!... Dois...
One   Two

Nesse ponto, antes da ordem final, o braço
In this   point before of the order   final   the arm
         moment

do   Feliciano caiu.
of -the- Feliciano   fell

- Protesto! - bradou o desgraçado, abandonando
(I) protest   shouted the disgraced (one)   abandoning

a arma e deixando a posição. - A situação
the weapon and leaving   the position   The situation

é muito desigual.
is   very   unequal
            uneven

E,	pálido,	as	mãos	trêmulas,	indicando	o
And	pale	the	hands	trembling	indicating	the

adversário:
adversary
opponent

- Ele	está	com	muito	menos	medo	do	que	eu!
He	is	with	much	less	fear	of it	that	I
	has							

UMA RAPARIGA APRESSADA

————

UMA RAPARIGA APRESSADA
A   Girl   Hurried

(CATULLE MENDES)

A   honesta avozinha começou primeiro por dar
The   honest   granny   began   first   by   to give

um   par   de   bofetadas   na   pequena
a   pair   of   slaps   on the   little

desavergonhada, e, depois, enquanto a rapariga
shameless (one)   and   then   while   the   girl

chorava   a   bom   chorar; vermelha como uma
cried   at   well   to cry   red   like   a

papoula, fez-lhe este discurso:
poppie   did her   this   speech
      gave her

- É, pois, verdade, teres um amante? E
(It) is then true (you) have a lover And

confessas, ousas confessar? Um amante! E
confess (do you) dare to confess A lover And

só com dezasseis anos! Com os olhos baixos, o
only with sixteen years With the eyes lowered the

arzinho modesto, parece que não quebras um
little air modest (it) seems that not (you) break a
little ways

prato, e chegaste já a esse ponto no
dish and (you) arrived already at that point in the

deboche e no cinismo! Quem te visse
debauchery and in the cynicism Whoever you saw

julgaria só em bonecas ou num bebê japonês
would judge only a dolls or in a baby japanese

e, afinal, a boneca que a menina tinha na
and finally the doll that the girl has in the

cabeça é um homem! Que vergonha! É para
head is a man What shame (It) is for

uma pessoa fugir, meter-se pelo chão abaixo!
a person to flee to put herself at the ground down

Como? Foi essa a educação que recebeste? Não
How Was that the education that (you) received Not

tendo na família senão bons e virtuosos
having in the family if-not/but good and virtuous

exemplos, como pudeste cometer uma falta tão
examples how could you commit an error so

grande? É preciso, palavra de honra, que
great (It) is necessary/It must be word of honor that

tivesses o diabo no corpo!
(you) have the devil in the body

Mas o que mais exasperava a avó era
But it that most exasperated the grandmother was

ter a Luizinha conseguido enganá-la, apesar
to have the Luizinha managed to deceive her at weight/in spite

da vigilância que sobre ela tinha exercido.
of the vigilance that over her (she) had exercised

- Porque, enfim, posso dize-lo afoitamente, eu
Because finally (I) can say it boldly I
indeed

guardava-te noite e dia! Há três anos que
guarded you night and day (It) has three years that
(Since)

estás na minha companhia, e nunca saíste
(you) are in -the- my company and never (you) were

sozinha senão duas vezes: a primeira, há oito
alone if not (for) two times the first (it) has eight

dias, durante cinco minutos para comprar linha e
days during five minutes for to buy line and
thread

agulhas, e a segunda anteontem, durante uma
needles and the second day during one

hora, para ires a Batignolles ver a tua tia
hour for to go to Batignolles to see -the- your aunt

que está doente. E uma hora só foi bastante
that is sick And an hour only was enough
who

para te aniquilares! As mais doidas,
for yourself to annihilate The more crazy
What is

esperam   que lhes façam   a   corte, resistem
(they) expected that them (they) make the court   resist

um mês, seis meses, mesmo um ano, mas tu, não,
a month six months   even   a year but you no

tu estavas muito apressada! Ah! brejeira! Numa
you   were   much   pressured Ah vagabond In one
                  in a hurry

hora, tu...
hour   you

Mas a   rapariga, que, mesmo chorando, era bonita,
But the   girl   that   even   crying   was   good

interrompeu:
  interrupted

- Não avozinha, não; estás enganada; não foi
  No   granny   no (you) are deceived   not (it) was
                         wrong

dessa vez.
-of- that time

E   desatando em choro:
And   untying   in   cry
     bursting   tears

\- Foi da primeira...

(It) was -of- the first (time)

O REGENERADO

O REGENERADO
The Regenerated (one)
Rehabilitated (one)

Bertoldo Catanhede da Silva era célebre nos anais
Bertoldo Catanhede da Silva was famous in the anals

da malandragem nacional quando se
of the trickery national when himself
national trickery

encontrou, naquela tarde, sob o toldo da
(he) encountered in that afternoon over the awning of the

Galeria Cruzeiro, com o Atanásio Coutinho, que
Gallery Cruzeiro with the Athanasius Coutinho that

conhecera meses antes na Casa de Correção. O
(he) knew months before in the House of Correction The
he met

primeiro estava tão solene, tão grave, tão correto
first was so solemn so serious so correct

no   seu   terno   de   casimira marrom,   que   o
in -the-   his   suit   of   cashmere brown   that   the
brown cashmere

outro quase não o conhece.
other almost not him knew
recognized

- Que prosperidade, gente! Quase que eu não falo
What prosperity people Almost that I not talk
I almost   talked

por não saber quem era!
for not to know who (it) was

Bertoldo explicou ao antigo companheiro de
Bertoldo explained to the old friend of

prisão as vantagens da sua nova profissão.
prison the advantages of -the- his new profession

Tinha-se regenerado, esquecendo o passado
(He) had -himself- regenerated forgetting the past
rehabilitated

de falcatruas, de roubos, de maroteiras. Agora,
of frauds of thefts of lewdnesses Now

era um homem de bem, que conquistava
(he) was a man of good that conquired
good man

honestamente o seu pão.
honestly   -the- his bread

\- E você, ao que parece, tem se dado
And you at it that seems (you) have yourself given done

bem... objetou o Atanásio. - Tem boa roupa,
well objected the Athanasius (You) have good clothes

relógio, corrente, chapéu novo, abotoadura nova...
watch chain hat new cufflinks new

Está, enfim, um pelintra!
(You) are finally a
         indeed

Examinou-o de novo, e tornou:
(He) examined him of new and returned
            again   continued

\- E esse relógio, onde você o adquiriu?
And that watch where you it adquired
            did you get it

\- Este? Na Torre de Ouro, na Avenida.
This In the Tower of Gold on the Avenue

\- Por quanto?
For how much

O   "regenerado"   coçou   a   cabeça, atrapalhado.
The   regenerated   scratched the   head   confused
        rehabilitated (one)

- O   preço, filho, não   sei... - confessou. -   À
   The   price   son   not (I) know   (he) confessed   At the

hora em que passei por   lá,   para adquiri-lo, não
hour   in   that (I) passed by   there for   to acquire it   not

havia nenhum caixeiro   no   balcão.
 had   any   cashier   at the counter
there was

E   sincero, cortando a   conversa:
And   sincere   cutting   the conversation

-      Eram   duas   e   meia   da   madrugada...
    (They) were   two   and   half   of the   morning
      It was   in the

Estavam todos dormindo!...
(They) were   all   asleep

SÚPLICA INÚTIL

SÚPLICA INÚTIL
Prayer   Useless

Era   tradicional   na   família Torres Figueira   o
(It) was   traditional   in the   family   Torres   Figueira   the

culto   do   milagroso São Sebastião. A   avó,
cult   of the   miraculous   Saint   Sebastian   The   grandmother

a   mãe,   as   tias   de   Dona   Bebita   haviam
the   mother   the   aunts   of   Lady   Bebita   had

alimentado, sempre, essa devoção. E   era   por
fed   always   this   devotion   And   (it) was   for
stimulated

isso que   a   jovem senhora,   ao   educar   a   sua
this   that   the   young   lady   at the   to educate   -the-   her
when educating

Matildinnha,   não   a   deixava   dormir   sem,
little Matilda   not   her   let   sleep   without

primeiro, encomendar-se ao virtuoso mártir de
first   to recommend herself to the   virtuous   martyr   of
          to pray

Narbona.
Narbona

- Encomenda-te sempre a ele, minha filhinha,
Commend yourself   always   to him   my   little girl

que ele não te abandonará! - aconselhava.
(so) that he not you abandons   (she) advised

E   à   noite, antes de adormecer, juntava-lhe
And at the night before of to sleep   (she) joined of her

as mãozinhas pequeninas, ensinando-lhe a dizer:
the little hands   little   teaching her   to say

- Ah, meu milagroso São Sebastião, vinde em meu
Ah my miraculous Saint Sebastian come in my
                                            to

socorro, guardai o meu sono, contra a fúria
rescue   guard -the- my sleep counter the fury

do inimigo!
of the enemy

Certo dia, porém, foi a Matildinha a uma
(At a) certain day however went the little Matilda to a

igreja onde havia uma imagem do santo, e
church where had an image of the saint and
there was

voltou impressionadíssima. À noite, a hora
(she) returned very impressed At the night the hour

da reza, a mãe proferiu, para que ela
of the prayer the mother uttered so that she

repetisse:
would repeat

- Ah, meu milagroso São Sebastião, vinde em meu
Ah my miraculous Saint Sebastian come in my
to

socorro.
rescue

- Não, mamãe, - protestou a pirralha, desunindo
No mommy protested the brat unjoining

as mãozinhas, os olhos nos olhos maternos, -
the little hands the eyes in the eyes of the mother

isso eu não digo mais, não; não vale a
this I not say (any) more no not (it's) worth the

pena.
trouble

E ante o espanto da linda senhora:
And before the astonishment of the beautiful lady

- Ele está amarrado lá na igreja, mamãe; como
He is tied up there in the church mommy how

é que ele há de vir?
is (it) that he has of to come

O "MANTEAU"

O   "MANTEAU"
The   Coat
     {French, implied expensive}

(MAX VITERBO)

O   Conde   Barnabé   de   Maistre   era   um   dos
The   Count   Barnabe   of   Maistre   was   one   of those

apaixonados   de   mme.   Block,   a   formosa   esposa
passioned   of   madame   Block   the   beautiful   wife

do   conhecido   banqueiro.   O   conde   havia   lhe
of the   reknowned   banker   The   count   had   to her

permitido   um   lindo   "manteau"   de   dez   contos   de
permitted   a   beautiful   coat   of   ten   counts   of
gifted   {french}   thousands

réis,   e   procurava   o   melhor   meio
reals   and   looked for   the   best   way
{Portuguese coin, obsolete}

de entregar-lho   sem   que   o   marido   suspeitasse.
of   to give it to her   without   that   the   husband   would suspect
     {lho; lhe plus o}

Pouco   afeito   a   semelhante   situação,   o   velho
Little   used   to   similar   situation   the   old

fidalgo   estava   em   dificuldades.   Que   diria   Block
nobleman   was   in   difficulties   What   would say   Block

    ao   ver   a   esposa   com   aquela   peça   de
at -the-   to see   the   wife   with   that   piece   of

vestuário   que   ele   não   comprara   nem   conhecia?
clothing   that   he   not   bought   nor   knew

Afinal,   o   conde   encontrou   um   meio.   Fazia   parte
Finally   the   count   encountered   a   means   Made   part
                                                    (He was)

do   mesmo   clube   que   Block,   e,   um   dia,
of the   same   club   that   Block   and   one   day
                           (as)

apareceu-lhe   com   o   "manteau".
appeared to him   with   the   cloak
{lho; lhe plus o}

- Tua   mulher,   Block,   possuía   um   bilhete   de   rifa,
  Your   wife   Block   possessed   a   ticket   of   raffle

que saiu premiado com este "manteau". Faze-me o
that fell prize with this cloak Do me the

favor de entregar-lho, sim?
favor of to give it to her yes

- Com muito prazer, meu velho, - aquiesceu o
With much pleasure my old (one) acquiesced the

banqueiro, sem maiores explicações.
banker without mayor explications

No dia seguinte, ao voltar ao clube, Block
On the day next at the returning to the club Block

chamou à parte o conde...
called a the part the count

- Eu vou pedir-te um favor, sabes?
I want to ask you a favor (you) know

- Que é?
What is (it)

- Não digas à minha mulher que ela tirou o
Not (you) sa to -the- my wife that she pulled the
won

"manteau".
cloak

- ?...

- Ela não precisa daquilo;   sabe?   Então, eu...
She not knows of that (you) know Then I

- Tu...
You

- Eu o ofereci   à   minha "pequena", uma
I it offered to -the- my little one a
                                          mistress

inglesinha,   que ficou contentíssima.
little English woman that (I) made very happy (with it)

O LADRÃO HONESTO

O   LADRÃO   HONESTO
The   Thief   Honest

O   capitão Vicente Bandeira   estava   já   no
The   captain Vincent Bandeira   was   already in the

segundo sono, quando, pelas   três   horas   da
second   sleep   when   at -the- three hours   of the

madrugada, percebeu barulho   na   sala de jantar.
morning   perceived   noise   in the room of   dining

Ouvido   alerta, sentiu um   estalar de gaveta,   e
Heard   alert   felt   a   snap   of drawer   and

outros ruídos que   lhe   denunciavam   a   presença
other   noises that to him announced   the presence

de estranhos, no   andar térreo   da   casa.
of   strangers in the walk ground of the house
                            ground floor

- Lulu? - chamou, sacudindo brandamente a
Lulu / (he) called / shaking / gently / the

mulher. - Lulu?... Lulu?...
wife / Lulu / Lulu

- Hein?... Hein?... Que é?... - fez a boa senhora,
Hey / Hey / What / is / did / the / good / lady

despertando.
waking up

- Parece que temos gatuno em casa, filha!
(It) seems / that / (we) got / (a) cat / in / (the) house / daughter

Corajoso e decidido, o valente militar engatilhou
Courageous / and / decisive / the / valiant / soldier / cocked

a pistola, e, de pé ante pé, desceu ao
the / pistol / and / of / foot / before / foot / descended / to the
step by step

andar térreo. E não se tinham passado quatro
walk / ground / And / not / itself / had / passed / four
ground floor

minutos quando Dona Lulu conheceu, em cima,
minutes / when / Lady / Lulu / knew / in / top

pela	queda	precipitada	dos	móveis,	que	o
by the	fall	rushed	of the	furnitures	that	the

marido	havia	se	atracado	com	o	ladrão.
husband	had	himself	docked	with	the	thief

Confirmada	a	sua	suspeita,	desceu.
(Being) confirmed	-the-	her	suspicion	(she) went down

Cabelo	alvoroçado,	em	ceroula,	descalço,	Vicente
Hair	uprooted	in	long johns	(with) bare feet	Vincent

Bandeira	tinha	diante	de	si,	encostado	à
Bandeira	had	in front	of	himself	leaning	against the

parede,	com	as	roupas	em	tiras	e	o	rosto	em
wall	with	the	clothes	in	strips	and	the	face	in

sangue,	um	rapazola	de	uns	vinte	anos,	que
blood	a	boy	of	some	twenty	years	that

tremia,	chorando:
trembled	crying

- Não	me	mate,	senhor	capitão.	Eu	sou	um	gatuno
Not	me	kill	sir	captain	I	am	a	thief
Don't kill me								

honesto! Eu roubo para viver, é certo; mas
honest   I   rob   to   live   (it) is   certain   but

roubo sem rebaixar-me!
(I) rob   without   to lower myself

Vicente Bandeira olhava o rapazola, sem
Vincent   Bandeira   stared at   the   boy   without

compreender. E o desgraçado continuava:
to understand   And   the   disgraced one   continued

- Eu sou um rapaz de bons costumes, educado
I   am   a   boy   of   good   manners   educated

com grande carinho. Nunca frequentei lugares
with   great   affection   Never   (I) frequent   places

suspeitos!
suspicious

E as mãos juntas, o rosto em lágrimas, um
And   the   hands   together   the   face   in   tears   a

choro de cortar a alma:
cry   of   to cut   the   soul

- E   a   prova,   senhor   capitão,   é   que,   para   roubar,
And   the   proof   sir   captain   is   that   to   rob

eu   só   visito   casas   de   família!...
I   only   visit   houses   of   family

OLHOS

OLHOS
Eyes

Raul Pompéia

Era   um   comprido velho,   magro,   de   longos
(He) was   a   tall   old man   thin   of   long
                                               with

braços,   pendentes como   esses   ramos   dos
arms   hanging   like   those   branches   of -the-

pinheiros, que as gravuras   representam debruçados
pines   that the engravings represent   leaning

às   escarpas, sobre catadupas, ou sobre abismos.
on the cliffs   over   waterfalls or over   abysses

Rigorosamente trajado   de   preto, cismador   e
Rigorously   dressed   of   black   stubborn   and
                         in

melancólico, produzia-me o mesmo efeito das
melancholic (he) produced (in) me the same effect of the
as the

lutuosas árvores das paisagens setentrionais.
lutuous trees of the landscape northern
tortuous

Ao lado dele, em violento contraste de cor,
At the side of him in violent contrast of color

vestida de branco, numa toilette refolhada de
dressed of white in a toilette refoliated of
in

musselina, com um laço negro, a prender os
muslin with a bow black to fasten the

cabelos, caminhava uma menina.
hairs walked a girl

O velho acariciava a criança, sob um olhar de
The old (man) caressed the child under a gaze of
with

ternura; a menina com a cabeça muito voltada,
tenderness the girl with the head much turned

porque o velho era alto, sorria para ele e
because the old (man) was tall smiled at him and

segurava-lhe a grande mão descarnada nas
held him the great hand unfleshed in -the- thin

suas pequeninas, alisando-lhe com amor os dedos,
her little ones smoothing him with love the fingers
little hands

delicadamente.
gently

Aproximaram-se.
(They) approached -themselves-

O velho, apesar dos cabelos brancos, não o era
The old (man) in spite of the hairs white not it was

tanto, de perto, como me parecera, à
so much (old) of close as me seemed at the

distância. Dir-se-ia encanecido pelas neves de
distance To say itself went grown old by the snows of

um inverno precoce, adiantado pelos dissabores
a winter early advanced by the disflavors
misfortunes

da vida; a que resistira, entretanto, a relativa
of -the- life at that resisted meanwhile the relative

frescura da fisionomia.
freshness of the physiognomy

A menina era graciosa, mas feia. Devia
The girl was gracious but ugly (She) must

ter sete anos. Aparentava trinta, com
have (been) seven years (old) (She) appeared thirty with

aquele arzinho de senhora e o rosto moreno,
that little air of (a) lady and the face dark

magro, de maçãs pronunciadas e os olhos
lean of cheekbones pronounced and the eyes
with

rasgados, pensadores, como desiludidos há muito
torn thinking like disillusioned has much
since long

dos enganos da infância.
of the deceits of -the- childhood
by the

Passaram por mim; o velho cortesmente,
(They) passed by me the old one courteously

cumprimentou-me com uma inclinação de
greeted me with an inclination of (the)
tilt

cabeça. A criança imitou com graça a cortesia
head The girl imitated with grace the courtesy

do velho. À primeira curva da alameda,
of the old (one) At the first bend of the mall
park forest path

sumiram-se, devorados por uma escura
were gone themselves devoured by a darkness
they were gone

garganta de bosque.
canyon of woods

Vi-os, essa vez, no Passeio Público. Tornei
(I) saw them this time in the promenade public (I) returned

a vê-los no dia seguinte. Vi-os depois,
to see them on the day next (I) saw them after

todos os dias, por muito tempo, até que,
all the days for much time until that

mudando-me para longe, deixei de visitar, pela
changing myself for long (I) left of to visit by the

manhã, o deleitoso Jardim do Boqueirão.
morning the delightful Garden of Boqueiranio

Agora, há dias, dez anos decorridos, passando
Now since days ten years elapsed passing

casualmente, de bonde pela rua do
casually by tram through the street of the

Passeio, às 8 horas, às horas do flânerie
Promenade at the eight hours at the hours of the flânerie

matinal do outro tempo, deu-me vontade de
morning of the other time gave me want of

entrar no jardim.
to enter in the garden

Caminhando ao acaso, satisfeito de sentir a
Walking at -the- random satisfied of to feel the

brisa do mar, que chegava muito fresca, através
breeze of the sea that arrived very fresh through

das árvores; e o festivo sol domingueiro
-of- the trees and the festive sun of Sunday
by the

peneirado dos ramos, traçando arabescos
sifted of the branches tracing arabesques
by the

dançantes   na   areia,   ao   acaso,   fui   dar
dancing   in the   sand   at -the-   random   (I) went   to give

com o banco de pedra onde outrora sentava-me
with   the   bank   of   stone   where   once   (I) seated myself

e   do   qual   via   passar   o   velho   alto,   de
and   from the   which   saw   pass   the   old (man)   tall   of

braços   pendentes   e   ar   melancólico   de   pinheiro
arms   hanging   and   air   melancholic   of   pine

das   montanhas,   com   a   criança   de   branco,   de
of the   mountains   with   the   child   of   white   of

sete   anos   e   grandes   olhos   pensadores...
seven   years   and   large   eyes   thoughtful

Como   fazia,   outrora,   sentei-me   e   fiquei   a
Like   (I) did   once   (I) seated myself   and   went   to

pensar   nas   cousas   todas   do   meu   passado   que
think   on the of the   things   all   of -the-   my   past   that

se   ligavam   à   recordação   dos   passeios,
themselves   connected   to the   memory   of the   walks

tornando   a   ver,   em   toda   a   realidade
turning   to   see   in   all   the   reality

representativa   da   cisma,   o   velho   de   preto   a
representative   of the   schism   the   old (man)   of   black   to

passar   e   a   criança.
pass   and   the   child

Assim   estava   eu,   quando   senti   que   alguém   pousava
So   was   I   when   (I) felt   that   someone   put

a   mão   sobre   o   meu   ombro.
the   hand   on   -the-   my   shoulder

Volto-me   bruscamente.   Um   homem   estava
(I) turned myself   brusquely   A   man   was

ao   meu   lado.   Sentado   como   eu,   olhava-me.
at -the-   my   side   Seated   like   I   (he) looked (at) me
  me

E   quem   havia   de   ser?!   O   velho!...   o   velho
And   whom   (it) had   of   to be   The   old (man)   the   old (man)

dos   meus   antigos   passeios!   O   mesmo   homem
of -the-   my   old   walks   The   same   man

de preto, magro e alto com a mesma expressão
of black thin and tall with the same expression
in

desolada das árvores dos montes!...
desolated of the trees of the hills
as the

- O senhor! exclamei, com um espanto fácil de
You sir (I) exclaimed with an astonishment easy to

calcular.
calculate
expect

- Eu mesmo, caro senhor... Reconheço-o, tal qual
I myself dear sir (I) recognize you as such

o senhor me reconhece.
you sir me recognizes

- Parabéns ao acaso, que me fez
Congratulations at the fate that me made

encontrá-lo... uma pessoa que conheci em dias
encounter you a person that (I) met in days

agradáveis do meu passado!...
pleasant of -the- my past

- O   seu   encontro,   infelizmente   a   mim,   só
-The-   your   encounter   unfortunately   for   me   only

me   desperta   recordações   amargas...
(in) me   awakens   memories   bitter
bitter memories

- Recordações   amargas...
Memories   bitter
Bitter memories

- Recordações   dolorosas...   Tão   dolorosas   que   me
Memories   painful   So   painful   that   me
Painful memories

levaram   a   importuná-lo...   É   quase   doçura   a
(they) take   to   importune you   (It) is   almost   sweetness   the
trouble you with them

confidência   dos   pesares...   E   o   senhor   que   me
confidence   of the   problems   And   you   sir   that   me

viu   com   ela   bem   pode   compreender-me...
saw   with   her   well   can   understand me

Lembra-se   da   menina?...
Remember-yourself   -of- the   girl
Do you remember

- Lembro-me...   aquela   gentil   criança...
Remember me   that   gentle   child

- Tão meiga, tão boa... morreu!... A minha Ema...
So sweet so good (she) died -The- my Emma

"Quando, outrora, nos encontrávamos aqui, eu
When once us (we) encountered here I

vinha com ela a passeio... Queria distraí-la
came with her to walk (I) wanted to distract her

da lembrança da mãe, que tudo, tudo em
from the memory of the mother that all all in
to whom

casa recordava... a pobre morta que me
(the) house reminded the poor dead (woman) that me

deixara a inocente... Aquela filha era a
left the innocent (one) That daughter was -the-

minha vida. A luz daqueles olhos bania as
my life The light of those eyes banned the

sombras da minha sorte. Minha pobre alma
shadows from -the- my fate My poor soul

vivia naquele raio de olhar como vivem as cores
lived in that ray of looking like live the colors

do íris, numa réstia de sol.
of the iris in a rest of sunshine

"Nasci na roça, muito longe do
(I) was born in the countryside very far from the

torvelinho detestável das praças... Os olhos da
turbulence detestable of the (city) squares The eyes of the

criança, profundo espelho das minhas saudades,
child deep mirror of -the- my longing

mostravam-me o brilho das manhãs da
showed me the shine of the mornings from -the-

minha mocidade... Eu via-lhe dentro das negras
my youth I saw it inside -of- the black

pupilas, a vivenda alegre de meus pais, a
pupils the house cheerful of my parents the

verde paisagem onde correram os meus
green landscape where ran -the- my

folguedos de menino, a revoada das narcejas
comrades of boy the flight of the snipes

sobre a lagoa...
over the lake

"Morava solitário e triste numa rua estreita e
(I) lived lonely and sad in a road narrow and

escura. Nos dias chuvosos, vivíamos num
dark In the days rainy (we) lived in a

crepúsculo desagradável. A lembrança de minha
darkness unpleasant The memory of my

mulher e dos dias felizes da família,
wife and of the days happy of -the- family

cruciava-me especialmente, nesses dias anuviados...
tortured me especially in those days clouded

Pois, era bastante um olhar da minha
Then (it) was enough a look of -the- my

adorada Ema, um olhar! e as tristezas fugiam;
adored Emma a look and the sorrows fled

das nuvens de chuva coava-se para mim um
of the clouds of rain percolated itself for me a

dia claro... Que se espessasse a valer o teto
day clear That itself thickened to be worth the roof
        Even if   clouded

de chumbo da borrasca!... Para mim fazia sol!...
of lead of the Borrasca For me (it) made sun

No ar vibravam sutilmente, ao longe, notas de
In the air vibrated subtly at the distance notes of
                                in the

música, oscilantes e vagas... Nos olhos dela eu
music oscillating and vague In the eyes of her I

via o céu imenso e as andorinhas, muito alto,
saw the sky immense and the swallows very high

em chusma, brincando como sorrisos no azul.
in multitude playing like smiles in the blue

"Ema valia todo o meu passado... Eu que
Emma was worth all -the- my past I that

apreciei a leitura e que fui amigo de
appreciated the reading and that was friend of

acompanhar, do meu sossego, a novidade dos
to accompany of -the- my peace the novelty of the

acontecimentos, o rumor da vida, nada mais
events · the · rumor · of -the- · life · nothing · more

lia que os poemas daquele olhar, nada mais
read · that / than · the · poems · of that · look · nothing · more

observava que a vida intensa daqueles olhos
observed · that / than · the · life · intense · of those · eyes

queridos... Ema era a minha vida presente,
loved · Emma · was · -the- · my · life · present

como o meu passado...
like · -the- · my · past

"Morreu!...
(She) died

"Também foi bom... A pobrezinha era feia...
Also · (it) was · good · The · poor little one · was · ugly

Morreu aos dezasseis anos. Vivia triste de
(She) died · at the · sixteenth · years · (She) lived · sad · of

se achar feia: ninguém havia de amá-la;
herself · to find · ugly · no one · had · of · to love her

tinha-lhe amor o pai; mas, pobres das que
had to her love the father but poor (ones) of -the- that
those

não são belas! era isso bastante?... Ema gostou
not are beautiful was that enough Emma liked

de morrer: morreu sorrindo...
-of- to die (she) died smiling

"Entretanto, Deus sabe, que magia celeste lhes
Meanwhile God knows what magic heavenly to them

morava nos olhos, que paraíso inefável Ema
dwelt in the eyes what paradise inefable Emma

guardava ali nas pálpebras, onde eu às vezes
kept there in the eyelids where I at -the- times

me perdia extasiado, como se, realmente, se
myself lost in ecstasy like if really itself

me soltasse o espírito para uma região alheia a
me exited the spirit to a region outside to
of

este mundo, vasta, ilimitada, suavemente iluminada
this world vast limitless gently illiuminated

por um clarão difuso de estrelas."
by a flash diffuse of stars

QUASE TRAGÉDIA

QUASE TRAGÉDIA
Almost   Tragedy

Raul Pompéia

Conto   da   Lua-de-Mel
Story   of the moon-of-Honey
                 Honeymoon

Quando se   é   recém-casado   por   esses   primeiros
When   one is   recently married   for   these   first
                                                  in

dias velozes   que   fogem   para   o   passado,   com
days   fast   that   flee   to   the   past   with
   fast days

uma   rapidez incrível;   em   que   almeja-se
a   speed   incredible   in   that   desires one
   an incredible speed   which   one desires

ardentemente   que   a   noute   desça,   porque   se
   ardently   that   the   night   descends   because   one

ama o recato das sombras; em que suspira-se
loves the modesty of the shadows in that sighs one
which one sighs

pela manhã, porque a manhã traz aquela
by the morning because the morning brings that
in the

preciosa luz fresca que convida a esses passeios
precious light fresh that invites to these walks
fresh light

ricos de efusões e mútuas expansões amorosas;
rich of effusions and mutual expansions amorous
amorous conversations

nesses rápidos dias que os europeus gostam de
in these quick days that the Europeans like -of-

saborear à beira do Adriático, cobrindo-se
to savor at the edge of the Adriatic covering themselves
to enjoy

com o céu da Itália, ou no meio dos lagos
with the sky of -the- Italy or in the midst of the lakes

da Suíça, entre os nevoeiros que descem
of -the- Switzerland between the mists that descend

das cumeadas glaciais e brancas; nesse
from the ridges glacial and white in this
glacial and white ridges

fragmento de vida que os Fluminenses passam
fragment of life that the Fluminenses pass

refugiados nas alturas verdes e saudáveis da
in hiding in the heights green and healthy of the

Tijuca, nos saborosos dias da lua-de-mel, há
Tijuca in the tasty days of the honeymoon has
there are

certas confidências murmuradas docemente entre
certain confidences murmured sweetly between

os esposos, confissões muito em segredo, que só
the spouses confessions very in secret that only
ultra secret confessions

entre os dous pombinhos se dizem, e
between the two little doves themselves (they) say and
lovebirds are said

como arrulhos se perdem na ventania que a
as cooing itself loses in the wind that the

floresta manda...
forest sends

E assim deve ser. Tal é a doçura estranha
And like this (it) must be Such is the sweetness strange
strange sweetness

dessas conversações, tal é a intimidade religiosa,
of these / conversations / such / is / the / intimacy / religious
religious intimacy

em que se confundem a expansão e a
in / that / themselves / mistake / the / expansion / and / the
which / conversation

reserva, num mistério tão delicado, que é
reserve / in a / mystery / so / delicate / that / (it) is
silence

melhor, muito melhor que se percam no
better / much / better / that / oneself / lose / in the
than / to lose oneself

espaço, longe dos ouvidos indiscretos como o
space / away / from the / ears / indiscreet / like / the

canto do pássaro na mata virgem...
song / of the / bird / in the / forest / virgin
virgin forest

Foi numa dessas entrevistas meigas e
(It) was / in one / of these / meetings / sweet / and

misteriosas, que a pequena Adélia pôde saber
mysterious / that / the / little / Adelia / could / know

porque motivo, pouco antes do seu casamento,
for-what / motive / little / before / of -the- / her / marriage
reason

Eduardo deixara dous dias em seguida de ir
Eduardo / left, stopped / two / days / in / following, for two days / -of- / to go

vê-la à casa do pai e soubera também o
see her / at the / house / of the / father / and / knew / also / the

motivo daquela palidez cruel com que ele
motive, reason / of that / paleness / cruel / with / what / he

reaparecera, rindo muito, jurando que aquilo
reappeared / laughing / much / swearing / that / that (it)

fora um ligeiro incômodo; que já estava
was (just) / a / slight / nuisance / that / already / was

perfeitamente bem, sem conseguir entretanto,
perfectly / fine / without / to achieve / however

ocultar absolutamente que sofria.
to hide / absolutely / that / (he) suffered

Haviam se casado.
(They) had / each other, married each other / married

Aqueles dous dias e aquela palidez, foram a
Those / two / days / and / that / pallor / were / the

tristeza   da   sua   alegria   no   casamento.
sadness   of -the-   her   happiness   in the   marriage

Eduardo   estava   pálido,   dentro   da   casaca   preta
Eduardo   was   pale   inside   of the   coat   black

que   mais   pálido   o   fazia.   Adélia   ficara   também
that   more   pale   the face   Adelia   remained   also

pálida   e   melancólica.
pale   and   melancholy

Quando   ela   soube   o   motivo,   quando   descobriu
When   she   knew   the   motive reason   when   (she) discovered

a   cicatriz   recente   que   ele   tinha   pouco   acima   do
the   scar   recent   that   he   had   (a) little   above   of the

calcanhar   direito,   foi   então   que   a   melancolia
heel   right   (it) was   then   that   the   melancholy

desapareceu-lhe;   mas   como   não   sofreu   ainda   de
disappeared her   but   like   not   suffered   still   of

vê-lo   doente   da   ferida   que   mal   acabava   de
to see him   sick   of the   wound   that   badly   finished   of

fechar-se!
to close itself

Pôs-se   a refletir   no   fato.
(she) put herself   to   reflect   on the   fact

Teve   medo de interrogar positivamente Eduardo.
(She) had   fear   of   to interrogate   positively   Eduardo

    Fez   conjeturas, todas as conjeturas,   e   tratou
(She) made   conjectures   all   the   conjectures   and   treated

muito dele, maternalmente como uma irmã, como
much   of him   maternally   like   a   sister   like

uma   **filha,**   **muito**   **empenhada**   **em**   **vê-lo**
a   daughter   very   committed   in   to see him

completamente restabelecido...
    completely   reinstated
                cured

Eduardo pelo contrário inebriado de amor por ela,
Eduardo   by the   contrary   intoxicated   of   love   for   her
          on the

não   **cuidava**   **de**   **si.**   **Só**   **queria**   **beijá-la.**
not   took care   of   himself   Only   (he) wanted   to kiss her

Cobria-lhe de beijos as pálpebras, ambas as faces,
Cover her of kisses the eyelids both the faces
with cheeks

os lábios, beijava-lhe até, cousa incrível! beijava-lhe
the lips kissed her until thing incredible kissed her

a concha das orelhinhas rosadas de veludo!
the shell of the little ears pink of velvet

Pobre Eduardo!...
Poor Eduardo

Afinal Adélia veio a conhecer tudo. Tudo... que
At last Adelia came to know all All what

poema! Escapara de ver na candura nívea
poem (You) will escape of to see in the candor clear

das asas do seu amor uma triste mancha de
of the wings of -the- her love a sad stain of

sangue. A história do seu noivado por um
blood The history of -the- his engagement by a

triz que dava em tragédia e todos os sorrisos
close one that gave in tragedy and all the smiles

e   juras por uma linha que não degeneraram em
and swears for a   line   that not degenerated   in

pranto   e   desespero.
mourning and   despair

Felizmente tudo ficara   em   riso,   o   sangue se
Fortunately all   remained in   laughter the blood   itself

reduzia a   salpicos vermelhinhos, pontuando as
reduced to speckles red   punctuating the

asas de neve dos   seus Cupidos.
wings of snow of -the- its   Cupids

Parece   invenção. Entretanto, a   cicatriz lá
(It) sounds invented   Meanwhile   the scar   there

estava, pouco   acima do   calcanhar de Eduardo,
was   a litte above of the heel   of Eduardo

como a   prova palpitante.
as   the proof palpitating

Foi   assim.
(It) was like this

Moravam em Santa Teresa. Da casa de Adélia,
(They) lived in Santa Teresa From the house of Adelia

no alto, avistava-se embaixo, numa das ruas
on the / at the — height / top — Showed itself — below — in one — of the — streets

da encosta do morro, a casa onde morava
of the — side — of the — hill — the — house — where — lived

Eduardo.
Eduardo

Todas as tardes, depois que ele a pediu em
All — the — afternoons — after — that — he — her — asked — in

casamento, o moço subia a ver a noiva e
marriage — the — young man — went up — to — see — the — fiancee — and

visitar a família do futuro sogro.
visit — the — family — of the — future — father-in-law

Raramente faltava. Quando ficou determinado o
Rarely — (he) lacked / did not go — When — was — determined — the

dia do casamento, as visitas de Eduardo
day — of the — wedding — the — visits — of — Eduardo

tomaram-se infalíveis. Em todo o lugar falava-se
took themselves   infallible   In   all   the   place   talked itself
                                                          people talked

do próximo enlace.
of the   close   link
      upcoming bonding

Repentinamente, com grande espanto de todos
Suddenly   with   great   fright   of   all

da casa de Adélia e principalmente desta,
of the house of Adelia and   especially   of this one

Eduardo falta um dia. Mandaram saber porque.
Eduardo missed a day (They) sent to know why

- Estava incomodado.
(He) was   bothered
         impeded

Falta segunda vez...
Missed (a) second time

Duas vezes... Era incrível...
Two   times   (It) was   incredible

Um noivo como ele faltar duas vezes... era
A fiancee like him to miss two   times   (it) was

grave.
serious

Nova visita.
New   visit

-   Vai   melhor... mas...
(It) goes   better   much

Todos ficaram sobressaltados.
All   remained   shocked

Quanto caiporismo!
What   bad luck

Havia   alguns dias que tudo acontecia naquela
Had   some   days   that   all   happened   in that
There were

casa.   Um   telegrama   viera,   noticiando
house   A   telegram   came   reporting

moléstia grave de um parente que estava em Cabo
illness   serious of   a   relative   that   was   in   Cabo
a serious illness

Frio,   o   padrinho   de   Adélia,   para   sinal;   a
Frio   the   godfather   of   Adelia   to   sign   the

estouvada — da — Joana — quebrara — uma — dúzia — de
unbroken — -of the- — Joana — broke — a — dozen — -of-

pratos, — por — querer — carregá-los — todos — duma — vez — em
plates — for — to want / wanting — carry them / to carry them — all — of one / at one — time — in

pilha; — ainda — mais, — entrara — pelas — janelas — da
(a) pile — even — more — (there) came — through the — windows — of the

frente, — uma — grande — borboleta preta — que — fora
front — a — large — butterfly black / black butterfly — that — went

pousar — exatamente — na — caixa — do — enxoval
to pose (itself) — exactly — on the — box — of the — trousseau

da — menina...
of the — girl

O — cão — do — vizinho — uiva — toda — a — noite...
The — dog — of the — neighbor — barked — all — the — night

Acontecia — tudo. — Até — na — véspera — mesmo — da
Happened — all — Until — on the — eve — same — of the

doença — de — Eduardo, — a — casa — fora — visitada — à
disease — of — Eduardo — the — house — was — visited — at the

noite, pelos ladrões que haviam espatifado a
night by the thieves that had crashed through the

hera de um muro que dava para a ribanceira
ivy of a wall that gave (way) to the cliff

de um morro por onde naturalmente os gatunos
of a hill for where naturally the thieves

haviam passado. E isso não fora uma vez só.
had passed And this not was one time only

Primeiro, o pai de Adélia muito escrupuloso
First the father of Adelia much scrupulous

dos seus penates, examinando o jardim como
of -the- his penates examining the garden like
{plant}

de costume, vira o caminho aberto na hera.
of habit saw the way open in the ivy

No outro dia achou a planta mais estragada...
On the other day (he) found the plant most damaged
next

já começavam a desaparecer peças de roupa
already started to disappear pieces of clothes

do   quintal,   por   exemplo   um   lenço   de   Adélia
from the   backyard   for   example   a   scarf   of   Adelia

que   ficara   no   coradouro...
that   stayed   on the   clothesline

No   outro   dia,   o   velho   esperou.
In the   other   day   the   old man   waited
On the   next

Pôde,   apenas,   distinguir   uma   sombra
(He) could   hardly   distinguish   a   shadow

escorregando   para   o   lado   da   ribanceira.
slipping   through   the   side   of the   cliff

Correu   ao   jardim   com   a   decrépita   espingarda,
(He) ran   to the   garden   with   a   decrepit   shotgun

que   representava   a   derradeira   segurança   do
that   represented   the   ultimate   security   of -the-

seu   lar,   mas   não   viu   nada.
his   home   but   not   (he) saw   nothing

Ainda   uma   vez,   esperou   o   tratante   (que   afinal
Still   one   time   waited   the   dealer   that   finally
Another   bad guy

parecia não ser tão bandido como se
appeared not to be so much bandit as oneself

supusera a princípio, porque as galinhas
supposed at first because the chickens

não desapareciam do galinheiro, nem as
not disappeared from the chicken coop nor the
did not disappear

roupas do coradouro). O velho pai de Adélia
clothes from the cloth string The old father of Adelia

escorou-o, dedo no gatilho e olho na hera
anchored him finger on the trigger and eye on the vine
aimed at him

do muro. Logo que percebeu a sombra... fogo!...
of the wall After that appeared the shadow fire

Não se ouviu nem um grito, através da
Not itself (was) heard neither a scream throughout of the

noite, mas o pai de Adélia não teve ânimo de
night but the father of Adelia not had spirit of

ir verificar se acabava de fazer um cadáver...
to go verify if ended of to make a corpse
managed

Na manhã seguinte, achou-se sangue pela
On the / morning / following / (was) found itself / blood / by the

hera e pelo chão.
vine / and / on the / ground

Contudo a preocupação de Adélia não era a
With all / the / worry / of / Adelia / not / was / the

borboleta preta na caixa do enxoval, nem o
butterfly / black / in the / box / of the / trousseau / neither / the

cão do vizinho uivando à noite, nem mesmo
dog / of the / neighbor / barking / at the / night / not / even

as suspeitas verificadas de que os ladrões
the / suspicions / verified / of / that / the / robbers

visitavam o quintal... A sua preocupação era
visited / the / backyard / -The- / her / worry / was

outra.
(an)other

Havia dias, que ela encontrava, todas as manhãs,
Had / days / that / she / encountered / all / the / mornings

uma	flor,	no	peitoril	da	janela	do	seu
a	flower	on the	sill	of the	window	of -the-	her

quarto.
room

Não	acreditava	em	duendes,	mas	tinha	medo	de
Not	(she) believed	in	elves	but	(she) had	fear	of

verificar	qual	era	a	mão	misteriosa	que	depunha
to verify	what	was	the	hand	mysterious	that	deposed

ali	o	matutino	brinde.	Depois,	era	tão	bom
there	the	morning	toast greeting	After	(she) was	so	good

não	saber	cousa	alguma	e	adorar	todo	o	dia
not	to know	thing	any	and	to worship	all	the	day

aquela	rosa,	aquele	cravo,	ou	aquele	raminho	de
that	rose	that	carnation	or	that	little bunch	of

violetas	que	dir-se-iam	cair	do	céu	com	o
violets	that	to say itself went	to fall	from the	sky	like	the

orvalho!...
dew

Repentinamente deixam de aparecer as flores!...
Suddenly left of to appear the flowers

E esta desgraça, que ela amargava de si para
And this misfortune that she embittered of herself for

si intimamente, como nos dias anteriores,
herself intimately like in the days before

saboreara a contemplação dos brindes
tasted the contemplation of the toasts
greetings

misteriosos, acabrunhava-a, mortificava-a.
mysterious ended her mortified her

Uma suspeita que minava-lhe o cérebro, avultou,
One suspicion that undermined her the brain increased

ocupou-lhe o espírito todo... Aqueles ladrões...
occupied her the spirit all Those thieves

aqueles ramos de hera quebrada no muro da
those branches of ivy broken on the wall of the

ribanceira... o sangue... o sangue sobretudo!...
cliff the blood the blood over all
especially

Uma daquelas entrevistas deliciosas de mel veio
One of those interviews delicious of honey saw
conversations

trazer luz às apreensões. O gatuno era ele.
trace light to the apprehensions the thief was him

Levara o lenço de Adélia com que santa
(He) took the scarf from Adelia with that holy

intenção! o pobre... As flores era ele o duende
intent the poor (guy) The flowers was he the elf

que as depunha todas as noutes no peitoril...
that them deposed all the nights on the (window)sill

E o tiro! o horrível tiro da paternal vigilância
And the shot the horrible shot of the paternal vigilance

fora também para Eduardo!...
was also for Eduardo

Eis aí como o noivado de Adélia teve uma
(It) is here how the engagement of Adelia had a

quase tragédia e como os Cupidos do seu
near tragedy and how the Cupids of -the- her

amor	tiveram	salpicos	rubros	na	brancura	das
love	had	splashes	red	on the	whiteness	of the

asas.
wings

www.ingramcontent.com/pod-product-compliance
Lightning Source LLC
LaVergne TN
LVHW011328080426
835513LV00006B/237